IR은 어떻게 기업의 무기가 되는가

IR

IR 담당자가 꼭 알아야 할 6가지 원칙

IR은 어떻게 기업의 무기가 되는가

최용호 지음

원앤원북스

변화에 적응해야 살아남는다

애널리스트analyst로서 직장생활을 시작한 지도 벌써 30년 정도 됐다. 기업을 방문하면 가장 먼저 만나는 직원이 IR 담당자였다. 오랫동안 IR 담당자들을 만나다 보니 만남을 통해 기업의 상황을 미리 짐작할 수 있었고, 업황의 흐름을 읽을 수 있었다. IR 담당자는 안으로는 기업과 산업의 흐름을 알고, 밖으로는 금융 시장의 모든 소리를 직접 듣고 내부에 전달하는 관문gateway이다.

기업은 IR 부서를 하나의 관리 부서로만 생각하면 안 된다. IR 부서는 전략적 자산이며, 이들에 대한 투자는 지속되어야 한다. 왜냐하면 이 부서는 투자자가 기업을 만날 때 거치는 첫 관문이기 때문이다. 이들과의 만남은 투자 의사를 결정하는 데 기초가 된다. 따라서 IR 담당자는 기업의 과거, 현재, 미래도 잘 알아야 하고 경제에 관한 지식도 있어야 한다.

보통 IR 활동은 투자자 관리, 공시 업무, 회의체(주주총회, 이사회 등) 관리로만 알려져 있다. 그러나 최근에는 기업 내부에 통찰력insight을 제공하는 등 사업 경쟁력 강화를 위한 역할도 하고 있다. 또한 M&A(기업의 인수합병)를 비롯한 투자 의사결정에도 관여하고, ESG 경영 활동의 중심에 서 있기도 하다. IR 활동은 기업 가치 제고에 중요한 역할을 하고 있는 것이다.

내가 증권사를 떠나 일반 기업에서 IR 업무를 한 것도 7년이 넘었다. 기관투자자에서 IR 담당자로 입장이 바뀌니 IR 활동에 대한 관심과 지식은 2배가 되었다. 내가 이 책을 쓰게 된 동기는 다음과 같다.

첫째, 2020년 코로나19가 확산되면서 IR 환경은 과거와 많이 달라졌다. 대면 미팅은 크게 줄었고, 정서적으로 좋아하지 않았던 비대면 미팅이 활성화되었다. 만나는 방식이 달라졌기에 말하는 범위나 수준, 데이터의 속성도 변할 수밖에 없다. 따라서 IR 부서는 이 같은 환경 변화에 대처해야 한다. 과거 IR 담당자들은 강사로서 많은 노하우를 얘기했다. 그런데 아직까지 교재로 쓸 만한 책은 시중에 없는 것 같다. 이 같은 상황은 나의 집필 욕구에 불을 지폈다.

둘째, 세계적으로 대두되는 ESG 경영 환경의 도입으로 인해 IR 부서의 역할이 커졌다. ESG는 현재 기업에 많은 영향을 미치고 있다. IR 부서는 이에 대해 잘 알아야 한다. 이 같은 상황에서 IR 활동에 대한 새로운 개념 정립이 필요하다고 생각했다.

이 책은 IR 활동에 관여하는 기업의 구성원에게 영감을 주기 위해 쓰였다. IR 부서나 여기에서 근무하고자 하는 사람들이 이 책을 꼭 읽어야 하는 이유다. 아마도 IR 부서는 기업에서 가장 활동적으로 움직이는 부서 중 하나일 것이다. 이 부서에 근무하면 기업을 정확하게 파악할 수 있는 눈을 가질 수 있다.

그리고 세상이 어떻게 돌아가고 있는지, 우리에게 무엇을 요구하고 있는지도 알 수 있다. 이것은 IR 부서에 근무하고 있거나, 입사를 준비하고 있는 사람에게 대내외적으로 큰 경쟁력을 가져다줄 것이다.

내게는 글을 쓰기 좋은 장소가 몇 군데 있다. 그곳으로 가는 나의 발걸음은 마치 낙엽을 밟는 가을 길에서 옛 친구를 우연히 만나, 머리숱이 아직 남아 있는 것을 확인하며 지나온 얘기를 하는 것과 같은 즐거움이 있다. 살아오는 길이 소란스럽고 숱하게 흔들려도 마음이 편안해지는 장소가 있어야 한다.

누구에게는 그곳이 화장실일 수도 있어 화장실을 '생각하는 장소thinking room'라고 부르는 곳도 있다고 한다. 어쨌거나 내겐 율동공원이 보이는 어느 카페의 2층 구석 자리와 코로나19로 인해 의자를 한쪽으로 밀어 놓은 유명 커피숍의 한 귀퉁이가 좋은 장소였다. 집은 나의 안식처이자 생각을 무궁무진하게 뻗어 나가게 하는 곳이다. 그러나 이상하게도 집에만 가면 잠이 왔다. 아마도 글을 쓰기 좋은 장소라기보다는 몸과 마음이 편하게 쉬어야 할 장소였나 보다.

마지막으로 이 책을 쓰면서 늘 감사를 전하고 싶은 분들이 있다. 그분들은 내 인생에 긍정적이고 직접적인 영향을 끼친 분들이다. 먼저 사랑하는 아내 정완, 딸 예림, 그리고 아들 경민이다. 책을 쓴답시고 많은 시간을 함께하지 못했다. 늘 나를 응원해주고 기다려준 가족들에게 감사한다.

다음으로 감사할 분은 존경하는 은사님, 김철중 교수님이다. 대학 졸업 후 사회생활을 시작하면서 자주 찾아뵙지 못했다. 그러나 스승님은 나의 모자라고 모난 성품과 지식의 결핍을 채워주셨고, 인격적으로 세상을 살아갈 수 있게 많은 도움을 주셨다.

온전한 가정을 이루며 살게 한 가족의 도움과 사회생활을 하며 많은 지식과 지혜를 가질 수 있게 한 교수님의 가르침은 나의 삶을 여기까지 이끌어온 가장 큰 두 축이다. 이 부족한 책을 가족과 교수님께 바친다. 그리고 이 책을 통해 조금이라도 IR 활동에 영감을 받을 독자분들에게 감사를 드린다.

최용호

1장 IR은 투자자와 관련된 모든 활동이다

2장 시장을 이해해야 성공한다

3장 연구하는 IR 전문가가 돼라

4장 변화하는 세상, IR을 어떻게 할 것인가?

5장 전략으로 승부하는 IR 활동

6장 변화를 감지해 업무의 지평을 넓혀라

IR은 투자자와 관련된 모든 활동이다

IR은 무엇인가?

투자자에게 기업을 설명하는 활동

나는 1996년에 한 증권사에서 애널리스트로 근무하고 있었다. 당시 정부에서는 선물 거래를 허용했는데, 이에 발맞춰 증권사에도 관련 부서가 생겨났다.[1] 나는 대학원에서 파생 상품에 대한 공부를 했기에 선물futures이 생일 때 주는 선물gift이 아니란 걸 알고 있었다. 그런데 옆에서 전화하는 걸 들어 보니 그 대화가 재밌었다.

---

[1] 정부는 1996년 5월 주가지수 선물시장, 1997년 7월 주가지수 옵션시장을 각각 개설했다. 한국선물거래소는 1999년 4월에 설립되었고, 그해부터 국채, 양도성예금증서(CD), 금, 달러 선물이 상장되어 거래됐다.

"아니, 저희 부서는 그런 선물하는 부서가 아니라니까요? 왜 자꾸 백화점에서 방문하겠다고 하시는 거예요?"

처음엔 정장을 잘 차려 입은 젊은 직원들이 손에 선물처럼 보이는 가방을 이것저것 들고 그 부서에 자꾸 들락날락했다. "흐흐 또 왔군. 백날 들어가 봐라. 거기서 상품권 한 장 팔 수 있나." 이윽고 선물을 들고 들어간 손은 머쓱해져 나올 때가 많았다.

이렇게 단어에 대한 이해는 중요하다. 그러니 먼저 IR이 무엇인지 알아보자. IR_{Investor Relations}이란 단어가 다소 생소한 독자가 많을 것이라고 생각한다. 그런데 PR_{Public Relations}은 많이 들어봤을 것이다. "요즘 세상은 자기 PR 시대야. 자기 PR을 잘 해야 돼."라는 식의 말이다. PR은 나를 남들에게 잘 설명하는 것이다. 이와 비슷하게 IR은 '기업을 투자자들에게 잘 설명하는 것' 정도로 이해하면 쉽다. PR과 IR의 큰 차이는 PR은 주로 좋은 것을 얘기한다는 것이고, IR은 좋지 않은 것도 얘기한다는 것이다.[2]

IR은 주식 투자자들에게 기업의 경영 내용과 미래 전망에 대한 포괄적인 정보를 제공해, 결과적으로 기업의 자금 조달을 원활하게 하는 활동이다. 이 용어는 1953년 미국의 제너럴일렉트릭_{GE}[3]이 관련 부서를 만들

---

2 미국IR협회의 정의에 따르면, IR은 기업의 증권이 공정한 가치 평가를 받는 데 궁극적으로 기여하는 것이다. 그리고 기업과 금융 커뮤니티, 기타 이해관계자 사이에서 가장 효과적인 의사 소통을 실현하기 위해 재무 활동, 커뮤니케이션, 마케팅, 증권 관련 법제의 준수를 포함한 전략적 경영 책임이라고 규정한다(2003년 3월 NIRI 이사회에 의해 채택).
3 1892년 토머스 에디슨(Thomas Edison)이 '에디슨 제너럴일렉트릭'이라는 이름으로 창립했다. 그러나 이후 '직류와 교류의 표준' 경쟁에서 밀리기 시작하자, 에디슨은 회사에서 쫓겨났다.

▲ IR이란 용어를 처음 사용한 제너럴일렉트릭은
토머스 에디슨으로부터 시작됐다.

면서 처음 사용하기 시작했다.

이후 IR도 결국 일종의 경영 활동이라는 인식이 확산되면서 그 중요성
이 부각되어 많은 기업이 IR 활동에 적극 나서고 있는 추세다. 미국에서
는 1969년 IR협회가 설립돼 1970년대에 투자자 보호를 주된 목적으로 활
동했고, 1980년대에는 M&A에 대한 대응책으로 활용됐다.

관계를 관리하는 것이 시작이다

이런 설명에도 불구하고 IR이란 단어가 여전히 생소하게 들릴 수 있
다. 하지만 어느 기업에 가도 그 기능은 살아있고, 형태가 다를 뿐 주관

하는 부서가 있다. IR 부서가 기업의 미래 가치(쉽게 '주가'라고 생각하자)와 관계가 있다고 생각하면 크게 틀린 말은 아닐 것이다. 엄밀히 말하면 투자자와 관련이 있고, 기업 가치를 제고하는 데 밀접한 역할을 하는 부서다. 물론 투자자는 개인투자자와 기관투자자 모두를 의미한다.

IR의 R$_{Relations}$에서 알 수 있듯, IR 부서 본연의 업무는 관계에서 비롯된다. 보통 관계를 말할 때 누가 '갑'이고, 누가 '을'인지 정하면 이해가 쉽다. 나는 구성원들에게 철저하게 '을'의 마인드를 가지라고 얘기한다. 그러니 출근할 때 간과 쓸개를 집에 놓고 오라고 말한다. IR 업무는 감정 노동인 경우가 많기 때문이다. 보통 관계의 대상은 여섯 가지로 분류한다.[4] 그 내용은 다음과 같다.

- 투자자$_{investor}$
- 대중$_{public}$
- 정부$_{government}$
- 고객$_{customer}$
- 기업$_{business}$
- (내부) 종업원$_{employee}$

IR 담당자는 이 6R의 대상들을 잘 관리해야 한다. 이들은 미래의 투자자이며, 기업 가치 제고를 위한 당사자들이다.

---

4 구동진, '성공하는 기업의 비밀은 6R에 있다', 이코노믹리뷰, 2019년 7월 19일

주가에 긍정적인 영향을 미친다

IR 활동이 기업 가치에 긍정적인 영향을 미친다는 연구 결과는 수없이 많다. IR 활동 시 기업의 유동성이 커지고 단기 마진이 개선되어 투자자에게 유용한 지표로 나타난다고 보고한 연구도 있었다.[5] 그리고 코스닥 기업의 국내외 IR 실시는 주가에 긍정적인 영향을 미치고, 주가를 한 단계 상승시킨다고 보고한 연구도 있었다.[6]

한편 국내 IR이 해외 IR보다 주가에 더 긍정적인 영향을 미친다는 연구도 있고, 수익성이 높은 기업일수록 IR 활동이 주가에 더 긍정적인 영향을 미친다는 연구도 있다.

그러나 IR 활동을 활발하게 진행함에도 불구하고 주가가 하락하는 경우도 많다. 이것이 IR 활동을 잘못해서인지 아니면 기업 가치 하락기에 발생한 현상인지 언급하는 것은 속단일 수 있다. 분명한 것은 IR 활동이 기업 가치를 하락시키는 데 일조할 수도 있다는 사실이다. 이것은 IR 담당자의 성향, 인식 부족일 수도 있다. 그래서 이들에 대한 교육 프로그램은 항상 진행되어야 한다. 이것이 기업 가치를 높이는 것과 일맥상통한 것이다.

---

5 김철중 외, '코스닥 상장기업 IR 효과의 변화와 그 효과에 영향을 주는 요인', 한국재무관리학회, 2012년, 139-158p
6 김동순 외, '코스닥 기업의 해외 및 국내 IR 활동이 기업가치 제고에 기여하는가?', 한국국제경영학회, 2017년, 29-58p

IR 활동이 주는 가장 큰 효익 중 하나는 정보의 비대칭성[7] 감소다. 정보의 비대칭성 감소는 기업의 신뢰를 높이고, 애널리스트 보고서, 커버리지 수의 증가[8], 유동성을 증가시켜 기업 가치의 증가를 기대할 수 있다. 시장이 효율적이라면 결국 전망이 좋은 기업의 미래 가치는 주가에 반영된다.

기업이 IR을 해야 하는 이유

종종 기업이 IR 활동을 왜 해야 하는지 묻는 사람들이 있다. 그들을 위해 한 가지 사례를 소개하겠다. IR 활동의 대표적인 실패 사례다. A사의 2012년 3분기 영업 이익은 사상 최고치 달성이 예상되고 있었다(실제로 A사의 영업 이익은 전년 동기 대비 70% 상승한 실적을 달성했다). 문제는 당시 영업 이익에 대한 시장 컨센서스consensus: 예측값가 실제 실적보다 71%나 높게 형성되어 있었다는 점이다.

---

7 정보가 한 쪽에만 존재하고, 다른 한 쪽에는 존재하지 않는 상황을 말한다. 우리 회사의 정보를 어떤 투자자는 알고 있고 어떤 투자자는 모르고 있다면, 불공정할 것이다. 그래서 국가에서는 공정공시를 통해 이런 일을 미연에 방지하고 있다.
8 커버리지(coverage)란 '담당하고 있는 범위나 영역'이라고 정의할 수 있다. 애널리스트가 담당하고 있는 업종의 분야나 기업체를 '애널리스트 커버리지'라고 표현한다. 커버리지 수가 증가한다는 것은 애널리스트가 담당하고 있는 업종이나 기업의 수가 증가한다는 것을 의미한다.

컨센서스를 바라보는 투자자들의 눈은 충혈되어 있었고, 시간이 흐를수록 사람들은 다급해졌다. 그러나 사상 최고치의 분기 실적을 발표한 A사였지만, 실제 주가는 발표 후 일주일 사이 38% 폭락했고, 시가 총액은 5,410억 원이나 증발해버렸다.

그렇다면 생각해보자. 컨센서스가 왜 71%나 높게 형성되었는가? 기업 보고서를 작성해 발표하는 애널리스트들이 높였는가? 맞는 얘기다. 그러나 그 빌미를 제공한 건 IR 활동이다. 시장의 컨센서스는 하루아침에 발표되는 것이 아니다. 내부자인 IR 담당자는 말할 수 없었겠지만, 실적을 대략 알고 있었을 것이다. 그런데도 목표 주가가 높은 게 좋다고 생각했을지도 모른다.

컨센서스가 높으면 IR 활동으로 낮출 필요도 있다. 잘하는 IR은 예측값보다 높은 어닝서프라이즈earning surprise나 예측값보다 저조한 어닝쇼크earning shock가 최소화되는 것이다. 시장이 놀라지 않고 천천히 기업 가치의 변화에 맞게 움직이게 말이다. IR 담당자들은 최대 실적에도 불구하고 주가가 38% 하락한 이 일을 반면교사反面教師로 삼아야 한다.

기업에서의 IR 활동

IR 부서는 전략적 자산이다

대학을 갓 졸업한 취업 준비생들은 기획, 전략, 판매, 관리, 자금, 영업 등의 부서는 잘 알지만, IR 부서는 잘 모를 것이다. IR 부서의 역할과 중요성은 잘 알려지지 않았다. 그러나 이 부서에 모이는 정보의 중요도와 양, 그리고 기업에 미치는 영향 등을 고려하면 핵심 부서임에 틀림없다. 내부적으로는 기업이 중요하게 관리해야 할 전략적 자산이기도 하다.

과거 IR 부서의 구성원은 여기저기에서 모으거나 기획, 재무 부서 출신이 많았다. 그러나 IR의 기능은 지속적으로 고도화, 전문화되고 있다. 특히 공시, 정관에 대한 검토, 투자자들의 성향 및 대응을 위한 자료 작성과 검토 등은 전문적인 숙련도가 요구된다. 기업 내부에서 잘 교육시켜 전문가로 성장시키거나 외부의 전문 인력을 영입해 부서를 운영해야 한다. 그러나 많은 기업이 이것을 쉽게 생각했던 것 같다. 애널리스트 시절 기업을 방문해보면 IR 부서나 인력이 없어서 전혀 맞지 않는 부서에서 나와 하릴없이 시간만 보내다 미팅을 끝낸 적이 많았다.

물론 너무 전문성만 풍기는 사람들로 배치하면, "이 회사가 무슨 꿍꿍이가 있나?"라고 의심할 수도 있을 것이다. 그러나 전문가를 만나는데 기업에서 일반 부서원을 내보내면, 그 미팅의 결과로 기업 가치의 변동성만 높일 뿐이다. 그러니 IR 부서는 전략적으로 운용해야 한다.

IR 부서의 고전적인 업무 영역

IR 부서의 고전적인 업무 영역은 다음과 같다.

- 국내외 투자자와의 소통을 맡는 전통적인 IR 업무
- 기업의 현황과 미래를 투자자들에게 보고하는 공시 업무
- 투자자 관리, 주총/이사회 등 회의체 관리 업무
- M&A 등 투자, 자금 조달 의사결정, ESG 경영 업무 등

그리고 IR 업무를 수행할 때 필요한 기본 정신은 다음과 같다.

- 신속성
- 공정성
- 정확성

IR 담당자는 기업에 좋지 않은 뉴스라고 하더라도, 감추면 안 되고 잘 대처해야 한다. 왜냐하면 기업 가치에 영향을 미칠 수도 있기 때문이다. 또한 정보가 어느 투자자에게만 비대칭적으로 제공되도록 둬서도 안 된다. 만약 정보가 비대칭적으로 제공된다면, 공시를 비롯한 시장 소통에 있어 심각한 타격을 입게 될 것이다.

이것은 결국 주가 하락으로 이어진다. 우리가 흔히 '주가 관리'라고 말하는 건 기업 가치의 긍정적인 요인을 부각시키고, 부정적인 요인에 따른 시장의 충격을 최소화하는 것이다.

앞서 말했듯 IR 부서원은 모두 감정 노동자다. 주가가 오르면 투자자들의 전화는 거의 오지 않는다. 반면 주가가 급락할 때는 이유가 어떻든 많은 전화가 오고 대부분 분위기는 험악하다. 담담하게 전화하는 투자자가 있는 반면, 악을 바락바락 쓰면서 욕을 하는 투자자도 많다.

얼굴도 모르는 사람이 주주라고 주장하면서 내게 한바탕 욕을 하고 전화를 끊었다고 생각해보자. 하루 종일 머리가 아플지도 모른다. 그래서 IR 담당자는 감정 노동자다.

IPO[9] 이후가 더 중요하다

한국거래소에 상장되어 주식이 거래되고 있는 기업이라면 거의 대부분이 IR 부서를 운영하고 있다. 그리고 이들은 상장 이전부터 IR 부서를 운영하는 것이 일반적이다. 왜냐하면 기업이 투자자들을 만나 비전과 현황을 설명하고 투자금을 받기 위해선 IR 부서가 꼭 필요하기 때문이다. 만약 부서가 없이 운용된다면, 상장 후 IR 부서는 꼭 만들어야 한다.

상장 이전에는 투자자 모집과 관리를 위해, 상장을 위해서는 제반 업무를 담당하기 위해, 그리고 상장 이후에는 기관투자자, 외국인투자자, 개인투자자를 관리하기 위해 IR 활동이 지속된다. 상장 이후에는 투자자의 수나 형태가 많아지는 만큼 이들의 요구 또한 매우 다양하고 복잡하다. 여기에 제대로 대응하지 않으면 곧바로 주가 하락으로 이어질 수 있다. 그래서 IR 활동은 상장 이후가 더 중요하다.

IPO를 준비하는 기업이라면 상장에 필요한 지분 분산 요건과 개발에 필요한 투자 자금을 받기 위해 충분한 IR을 진행했을 것이다. 투자자의 관심 사항 중 하나가 투자 자금을 어떻게 회수하느냐인데, 상장을 통한 지분 매각이 가장 안전한 방법 중 하나다. 이런 투자자 대응에 관련된 활동은 IR 부서에서 진행한다.

---

9 IPO(Initial Public Offering)란 비상장 기업의 주식을 외부 투자자에게 처음으로 공개 매각하는 행위를 말한다.

투자 이후의 영업 현황과 전망, 향후 실적의 변동 사항은 투자자들의 중요한 체크 포인트다. 또한 상장 이후에는 기업 가치를 대변하는 주가의 변동이 날마다 발표되고 있으니 더욱 민감해질 수밖에 없다.

IR 활동은 자연 발생적이다

IR 활동은 자연 발생적으로 이뤄진다. 없는 일이 새로운 환경의 변화로 만들어진다든지, 경영진의 정책에 의해서만 생겨나는 활동이 아니다. 부서의 형태는 그렇게 만들어질 수 있겠지만, 업무의 형태는 늘 기업 속에 존재한다.

예를 들어 IR 부서가 없는 기업도 많다. 그러나 주주가 한두 명이 아닌 이상, 그 기업에 투자한 주주를 관리하는 기능은 다른 부서에서라도 맡고 있을 것이다. 기업의 규모, 주주의 수, 전략적 필요 등 변화에 따라 IR 활동은 어느 부서의 작은 영역에서부터 독립된 부서 형태로까지 발전할 수 있다.

만약 IR 활동을 안 한다고 생각해보자. 투자자는 어디에서 정보를 얻을 수 있을까? 기업의 미래를 확신하고 투자한 사람이 있다면, 당연히 기업의 변화를 궁금해할 것이다. 따라서 주주의 이런 궁금증에 대해 설명할 수 있는 길을 열어놓아야 한다.

이렇게 기업과 투자자 사이에 소통의 길을 만들어놓는 것은 기존 주주에게는 확신과 편안함을 제공할 수 있다. 그리고 미래의 투자자들에게도 좋은 정보가 될 것이다. 그러니 경영자 입장에서는 이 역할을 담당할 인력을 사내에 배정해야 하는 것이다.

애널리스트가 되면 만나는 사람들

애널리스트나 매니저가 되면 꼭 만나는 사람들이 있다. 바로 IR 담당자들이다. 왜냐하면 IR 담당자들은 기업을 바라보기 위한 하나의 창문이기 때문이다. 그럼 여기서 애널리스트의 세계를 잠깐 소개하겠다. 애널리스트가 되는 길은 몇 가지가 있다.

첫째, 전공자로서 애널리스트의 길을 걷는 경우다. 이 경우는 대학 등에서 전공을 해서 증권사나 자산운용사에 취업한 후 일을 시작한다. 그런데 아무리 전공자이더라도 애널리스트가 바로 될 수는 없다. 주식 시장의 언어를 배울 필요가 있기 때문이다. 또한 투자 분석 업무를 수행하기 위해 자격증을 획득하거나 1년간 관련 업무를 수행해야 한다.

둘째, 경력자인 경우다. 자동차업체에서 오랫동안 근무한 A과장은 최근 대한증권 리서치센터로 이직을 결정했다. 그는 애널리스트 업무로 이직했지만, 투자 분석 업무를 수행하기 위해서는 일련의 과정을 거쳐야 한다. 그런데 A과장은 현업에서 근무했다는 장점이 있어 자료를 쓰지 않아도 투자자들에게 설명을 잘할 것이다.

이렇게 A과장이 생애 첫 자료를 썼다고 하자. 그러나 애널리스트는 하나의 기업을 분석하기 위한 사람이 아니다. 보통 애널리스트는 한 개 내지는 몇 개의 유사 업종을 배정받는다. 업종을 배정받으면 해당 업종의 대표적인 업체를 분석한다. 그리고 분석의 기초 방식인 톱다운[10] 방식을 통해 산업, 기업 순으로 분석하기 시작한다.

자료 작성 후 IR 담당자는 투자자와 애널리스트에게 전화를 한 통 받을 것이다. 방문하고 싶다고 말이다. 이것은 일상적인 만남 수준이므로 담당자는 내부 일정에 맞춰 스케줄을 잡는 게 필요하다.

만약 처음 방문하는 사람을 맞는 것이라면 많은 준비가 필요할 것이다. 시간도 많이 확보해야 하고, 기업의 연혁부터 시작해 전반적인 사항을 모두 설명할 시간이 필요하기 때문이다. 가급적 경영진과의 면담도 준비해야 하고, 기업을 기억할 만한 증정품도 필요할 것이다. 이렇듯 첫 방문이 중요한 것은 기억에 오래 남기 때문이다.

투자자는 모든 느낌을 본다

예전에 어느 상장사를 처음 방문했을 때의 일이다. 나는 기업에 방문

---

10 기업이나 산업을 분석할 때 사용하는 방법이다. 톱다운(top down) 방식은 경제와 산업을 분석한 후 기업의 내재 가치를 분석하며, 일반적으로 사용되는 방식이다. 반대로 개별 기업부터 분석하는 보텀업(bottom up) 방식도 있으나 잘 사용하지는 않는다.

하면 벽에 걸린 그림이나 사무 환경 등을 훑어보는 습관이 있다. 직원들의 얼굴 표정도 중요하고, 전체적인 분위기가 분석에 도움이 되기 때문이다. 당시 회의가 끝나지 않아 밖에서 기다리고 있는데, 갑자기 회의실에서 언성이 높아지는가 싶더니 쿵쾅거리며 문을 박차고 나가는 사람들이 있었다. 못 본 척하며 기다리다 담당자를 만났지만, 서로가 제대로 미팅을 할 수 없었다. 며칠 뒤 회사는 다른 곳에 매각됐다.

매각 후 회사가 어떻게 됐는지는 기억나지 않는다. 다만, 회사에 방문했을 때 느껴지던 분위기가 "아, 자료를 쓰면 안 되겠구나."라는 마음의 결정을 하게 만들었다. IR 담당자는 IR 활동을 할 때, 절제된 말과 행동이 필요하다. 아주 친한 투자자라도 회사 편에서 어떤 말이 좀 더 유익할지 생각해봐야 한다.

미팅이 이뤄진 후에는 추가 인터뷰가 있을 것이고, 투자 실행이나 기업 보고서 발간이 이뤄질 것이다. 기업 보고서를 받았다면, 당연히 보고서의 투자 핵심 요인, 투자 의견, 목표 주가 등에 대한 내용을 경영진에게 보고해야 한다.

보고서 내용에 오류가 있다면 충분한 설명을 통해 정정이 필요하다. 예전에는 오류에 대한 정정이 쉽지 않았다. 인쇄물이 나와 배부가 끝났기 때문인데, 요즘에는 온라인 보고서가 많아 오류에 대한 정정이 상대적으로 쉬운 편이다. 이후에도 경영진 간담회, CEO 인베스터데이investor day[11]

---

11 CEO가 투자자들을 직접 만나는 IR 행사의 명칭이다. CEO가 직접 사회를 보고, 다양한 발표, 시연을 한다. 이를 통해 투자자와의 친밀한 관계를 형성하는 데 목적이 있다.

등 경영진과 주식 시장과의 만남은 끊임없이 이어질 것이다.

IR 담당자에게는 기획의 재능이 필요하다. 하나의 만남을 스토리텔링으로 엮는다면, 좀 더 유능한 IR 담당자가 될 수 있을 것이다. 이것은 주가에도 긍정적인 영향을 미친다. 이에 대한 내용은 뒤에서 더 자세히 살펴보겠다.

IR 미팅의 업무 흐름

마지막으로 IR 미팅의 업무 흐름에 대해 자세히 설명해보겠다. 애널리스트나 펀드 매니저 등 기관투자자가 기업을 방문하거나 비대면 만남(컨퍼런스콜 등)을 요청하려는 니즈는 해당 기업 주식의 보유 여부를 판단하거나 편입 비중을 조정하려는 경우, 그리고 최근 이슈에 대해 점검하려고 하는 경우 발생한다. 기업은 대면 미팅이나 온라인 방식의 비대면 면담 요청이 들어오면, 이를 적극적으로 검토해야 한다. 상장 기업이라면 더욱 그러할 것이다. 이때 고려사항은 다음과 같다.

첫째, 어떤 목적의 미팅인가를 파악해야 한다. 단순 방문인지, 아니면 어떤 내용을 확인하고자 하는 것인지 등을 파악해야 한다.

둘째, 어느 수준의 관리자가 미팅에 응할 것인가를 결정해야 한다. 찾아오는 투자자의 직급이나 기관의 규모 등도 고려 대상이다. 경우에 따라서는 CFO[12], CEO가 직접 미팅에 참가해야 할 수도 있으니 이를 충분히 검토할 필요가 있다.

셋째, 어떤 내용으로 미팅을 진행할 것인가를 준비해야 한다. 이 기업을 처음 담당한 애널리스트나 펀드 매니저라면 기업의 개요 등 일반적인 사항부터 상세한 사항까지 알려줘야 할 것이다. 그러나 기업을 오랫동안 봐온 기관투자자라면 어떤 사안, 즉 최근 이슈가 되고 있는 내용 등을 집중적으로 파악하려고 할 것이다. 이에 적극적으로 대응하기 위해 추가 자료도 필요하고, 관련 부서의 협조도 요청해야 한다.

이때 관련 부서의 구성원들은 기관투자자들을 접할 기회가 많지 않았을 것이니 어느 수준에서 말을 해야 할지 사전에 논의하는 것이 좋다. 내부적으로 이런 사전 논의가 없을 때는 공정공시를 위배할 수 있으므로 유념해야 한다.

넷째, 미팅의 주도권을 놓지 말아야 한다. 질문에 대한 답변만을 생각한다면 소극적일 수밖에 없다. 적극적인 IR 활동이야말로 투자자가 자의적으로 생각하지 않고, 기업의 의도대로 사고할 수 있게 만드는 가장 기본적인 활동이다. 따라서 모든 만남에 있어 적극적으로 주도해 나갈 필요가 있다.

이 같은 미팅을 마친 후에는 기관투자자의 내부 검토가 진행된다. 미팅에서 얻은 정보의 적정성 여부를 판단하고, 미래 기업 가치에 미칠 수 있는 영향성 등을 추정한다. 최종적으로 펀드 매니저는 기업의 주식을

---

12 기업에서 재무 부분을 총괄하는 책임자. 최근 투자 전략의 중요성이 강조되면서, 그 역할이 확대되고 있다.

매수, 매도하는 투자 의사결정을 실행하고, 애널리스트는 기업 보고서 발간 여부를 확정한다. 그러나 이 모든 과정은 어디에 드러나는 것이 아닌 만큼 사전에 업무 흐름에 대한 이해가 필요하다.

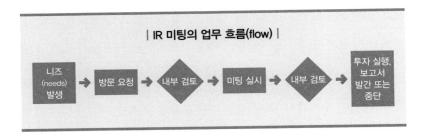

| IR 미팅의 업무 흐름(flow) |

한눈에 보는 IR 활동

WHO: 주체와 대상

IR 활동의 주체와 대상을 나눠 생각해보자. 누가 IR을 하는가? IR 부서에 있는 부서원이 하는가? 아니면 임원이 하는가? 나도 할 수 있는가? 사실 IR 활동은 아무나 할 수 있는 게 아니다. 왜냐하면 IR 활동의 공정성 문제가 제기될 수 있기 때문이다.

기업에 어떤 중대한 정보가 발생했다고 생각해보자. 대규모 계약을 목전에 뒀거나, 나쁘게는 부도의 가능성이 발생했다고 하자. 그런데 내가 근무하는 부서가 주관 부서라면, 오늘 함께 저녁 식사를 하기로 한 친구에게 이런 말을 해도 될까? 말을 하는 순간 누구에게는 큰 정보가 될 수

▲ IR 담당자는 항상 정보의 비대칭성에 유의해야 한다.

있을 것이다. 당연히 안 되는 것이지만 통제가 쉽지 않다. 그래서 정보 유출에 관한 끊임없는 내부 교육이 필요하다.

이렇듯 우리 모두는 정보의 비대칭성 위험에 노출되어 있다. 그래서 IR 활동을 하는 주체는 가급적이면 내부에서 정하는 게 좋다. 이것은 정보를 통제하는 일이다. 대부분의 기업은 정보에 대한 소통과 흐름을 한 곳으로 몰아가고자 하며, 그것이 관리 측면에서 효율적이다. 담당자를 제외한 직원에게는 정보를 통제함으로써 조직이 목표하는 바를 빠르고 집중적으로 몰아갈 수 있기 때문이다. 중요한 건 기업이 정보에 대해 한목소리를 내는 것이다.

만약 기업이 IR 부서의 직원을 다른 부서로 이동시킨다고 하자. 그렇다면 정보가 잘 지켜질 수 있을까? 아닐 것이다. 왜냐하면 이들에게는 그동안 구축한 네트워크와 노하우가 많기 때문이다. 인지상정人之常情이라는 말이 있다. 사람이라면 누구나 가지는 감정이라는 뜻이다. 따라서 "서로

밥도 같이 먹으며 일한 사이인데, 이 정도도 말 못하나?"라고 생각할 수 있다.

그래서 부서를 나가는 구성원들에게는 정보 유출 금지에 대한 서약서를 받는 것이 좋다. 어떤 기업은 IR 담당 직원에게 해고를 통보하면서 명함도 놓고 가라고 말했다고 한다. 그동안 쌓은 네트워크를 이용하지 못하게 하거나 제약을 줌으로써, 혹시라도 올지 모르는 손실을 방지하려고 한 처사일 것이다.

내가 애널리스트를 하며 만난 사람들은 IR 부서의 담당자이거나 재경 부서 혹은 재무 부서의 담당자였다. 그런데 내 경험상 재경 부서나 재무 부서 직원이 IR 담당자로 나오는 건 바람직하지 않다고 생각한다. 사내에서 그들의 입지나 중요도를 고려할 때 맞지 않다고 보기 때문이다. 그래서 IR 활동은 부서로 만들어 전문가 집단으로 키우는 게 좋다고 생각한다.

그렇다면 다음으로 누구를 대상으로 할 것인가? 당연히 투자자다. 그런데 어떤 투자자를 대상으로 할 것인지는 좀 더 전략적으로 접근할 필요가 있다. 나는 먼저 대상을 선정하는 데 있어 IR의 목표를 세울 것을 조언해주고 싶다. 우리가 지금 IR 활동을 왜 하는가? 주가를 올리기 위해서인가? 올려서 자금 조달을 편하게 하려고?

대개는 기업이 어떤 이유로 외국인투자자 비중을 높여야 하거나, 중장기투자자 비중을 높여 안정적인 투자자 확보가 필요하거나 하는 투자자에 대한 목표가 있다. 만약 없다면 지금 이 책을 덮고 바로 가서 목표를 세워라. 거기서부터 IR의 전략이 나올 것이다.

뒤에도 얘기하겠지만 IR의 대상은 개인투자자, 기관투자자, 외국인투자자, 연기금을 비롯한 중장기투자자 등 매우 다양하다. 그래서 그들을 대하는 전략도 특성에 맞게 달라져야 한다.

예를 들어 우리 회사가 일반인들은 잘 모르는 특정한 분야에 강한 업체라면, 투자를 희망하는 투자자들이 어딘가에 한 뭉텅이로 있을지 모를 일이다. 우선 그들을 찾는 게 중요하다. 이들에게 무엇을 말할지는 나중에 얘기하자. 이 외에도 대상이 언론, 정부, 사내社內, 다른 기업 등일 수 있다. 그러나 일단 우리의 대상이 아니라고 생각하고, 앞에서 말한 대상에만 집중하기로 하자.

WHEN: 지금이 적기다

IR은 언제 하는 게 가장 좋을까? 대부분은 담당자가 재료가 생겼을 때라고 말한다. 그런데 그건 그때가 가장 편하기 때문이다. 기업에 악재가 터지고 있고, 실적은 악화되고 있고, 날마다 내 전화기에 투자자들의 험악한 목소리가 들려온다면 누가 IR을 하고 싶겠는가? 전화선을 확 빼버리고 싶을 것이다. 그러나 이때도 IR을 해야 한다. 그들에게 이 상황을 극복한 다음의 비전을 얘기해줘야 한다.

내일 지구가 멸망하더라도 나는 오늘 한 그루의 사과나무를 심는 게 아니라, 한 명의 투자자를 더 만나야 한다. 강도의 차이야 있겠지만 기업의 상황을 설명하고, 비전을 얘기해줘야 한다. 그럴 자신이 없다면, 당신은 IR 담당자로서 자격이 이미 반은 없는 것이다.

1997년부터 시작된 외환위기[13] 시기에는 기업들의 부도가 많았다. 나와 아주 친한 애널리스트가 있었는데, 그는 제지업종을 담당했다. 그런데 외환위기가 오고 리서치센터의 인원도 줄다 보니 이 친구가 갑자기 전기전자업종을 맡게 됐다. 난 친구를 걱정하며 가급적 기업 보고서 쓰는 걸 조심하자고 조언했다. 그러던 중 그는 어느 기업에 탐방을 다녀왔고, 매수 추천 보고서를 발표했다. 그러나 며칠 못 가서 부도가 났고, 친구 역시 업계를 떠났다.

친구의 일을 생각하면 안타깝지만, 안 좋은 경영 상황에서 IR 담당자가 애널리스트를 만난 것은 나름 의미가 있는 일이다. 그러나 부도를 예측하지 못한 걸 보면 IR 담당자가 제대로 된 정보를 얘기했는지는 의문이다.

그렇다면 우리는 위기 상황에서 어떻게 해야 하는가? 가만히 있어야 할까? 나는 그런 얘기를 하는 게 아니다. 담당자로서 책무를 다하자고 촉구하는 것이다. 언제나 IR 활동을 해야 한다. 사랑하는 사람을 내가 좋아할 때만 만난다면 그 관계는 오래 가지 못할 것이다. 내가 만나기 싫을 때라도 꾸준히 만나야 사랑이 지속된다. 그래서 담당자는 항상 왼손에는 기업의 현황과 비전을 말해줄 수 있는 자료와, 다른 한 손에는 언제나

---

13 1997년 동남아시아 지역의 외환위기로 촉발된 한국의 위기 상황을 말한다. 단기 자금을 빌려 장기 자금에 투자함으로써 외환의 변동에 적극적으로 대처하지 못해 나타난 위기 상황이었다. IMF로부터 구제 금융을 지원받았고, 2001년에 빌린 돈을 모두 갚았다.

소통할 수 있는 핸드폰을 갖고 있어야 한다.

▲ IR 담당자는 항상 투자자와 소통할 수 있어야 한다.

WHERE: 장소에 구애받지 마라

IR 활동에 장소는 사실 의미가 없다. 왜냐하면 IR 활동은 어디서든 할 수 있기 때문이다. 가급적이면 투자자가 좋아하는 방법을 우선적으로 생각하는 것이 좋다. 투자자가 공장을 보고 싶어 하면 공장에서 설명회를 하라. 식사를 하면서 할 수도 있겠다.

다만 공장 방문이 일상적이진 않다. 따라서 전략적인 사고로 접근하는 것이 좋다. 공장 방문과 CEO, CFO의 미팅을 연계하거나 제품을 직접 사용하게 하는 것도 좋은 방법이다. 그러나 많은 돈을 지출할 필요는 없다.

뒤에도 얘기하겠지만, IR 활동에는 예산이 필요하다. 따라서 언제나 경제적으로 사고해야 한다. 투자자가 근사한 레스토랑을 좋아한다고 해서 매번 갈 수는 없다. 맛있는 바칼라우bacalhau나 아호스 두 마리스쿠arroz de marisco도 자꾸 먹으면 질린다. 이 사람을 왜 만나는지에 집중하는 게 필요하다.

WHAT: IR은 무엇인가

IR은 투자자와 관계를 맺고 소통하는 것이다. 그렇기에 '서비스 마인드'를 가져야 한다. 우리가 흔히 말하는 '제조업 마인드'는 공급자 우선의 사고 방식을 말한다. 좋은 물건을 만들면 잘 팔릴 것이라고 생각하는 것이다. 그것도 맞는 말이다.

그러나 더 큰 기업 가치를 창출하기 위해서는 고객(투자자)이 무엇을 원하고 있는지, 그 욕구를 어떻게 하면 충족시킬 수 있는지 고민해야 한다. 이것에 대한 대응이 IR 활동이다. 그래서 IR 부서는 칭찬보다는 불평을 많이 듣고 격려보다는 제안을 많이 받는다.

기업의 A/S센터나 콜센터에 칭찬과 격려의 전화가 얼마나 오겠는가? 불평, 불만 전화가 더 많을 것이다. IR 부서도 마찬가지다. 그래서 마음을 굳게 먹고 업무에 임해야 한다. 주가의 흐름은 IR 활동을 통해 거스를 수 없다.

모든 기업에 IR 부서가 있지만, 규모가 커지지 않는 건 적당한 수준에서 운용되기 때문이다. 기업에서 필요한 건 기업에 대한 긍정적인 시각을 유지시키는 수준의 활동이다.

WHY: 기업 가치 제고를 위해

가끔 IR을 왜 하냐고 물어보는 사람들이 있다. 주가를 올리기 위해 한다고 말하는 사람도 있다. 이 표현에 동의하지는 않지만, 기업 가치를 제고하기 위해 한다는 말에는 동의한다. 물론 IR을 한다고 무조건 기업 가치가 올라가는 건 아니다. 그렇다면 기업에 IR 부서는 대여섯 개는 있어야 할 것이다. 결국 기업은 내재 가치를 따라가게 되어 있다. 안 되는 건 아무리 발버둥을 쳐봐도 안 된다.

이렇게 얘기하면 "기업이 내재 가치를 따라가고, 안 되는 게 안 된다면 IR 부서가 뭐 하러 있냐?"라며 따지는 사람들이 있다. 이건 정말 무식한 발언이다. 자신이 얼마나 무식한지 모르고 떠벌리는 것이다.

IR은 기업 가치의 변동성을 줄이고, 주가가 경향성을 갖고 안정성 있게 흘러가게 만드는 기능이 있다. 오를 때는 좀 더 많이 오르고, 빠질 때는 덜 빠지고, 빠져야 할 때 반등을 기대할 수 있는 포인트를 잡아주는 게 IR 활동이다.

HOW: 비전을 갖고 얘기하라

중요한 것은 IR 활동의 목표를 정하고, 고객을 선정하고, 니즈$_{needs}$를 파악하는 것이다. IR 활동의 핵심 내용을 정립하고, 방법을 고민하자. 그리고 그것을 당장 실행하라. 논리적이고 설득력 있는 자료를 갖고 상대방을 만나야 한다. 우리 회사를 나만 알고 있다고 생각하면 오산이다. 내가 좀 더 많이 알고 있을 뿐이다.

조직심리학에는 조하리의 창$_{johari's\ window}$[14]이라는 게 있다. 내가 모르는 걸 상대방이 더 많이 알고 있을 수도 있다는 점을 늘 염두에 두어야 한다. 이걸 인정하지 않으면 서로가 불편해진다.

예전에 내가 방문하던 기업 중 꼭 식사 시간에 미팅을 하는 곳이 있었다. 그 담당자에게는 그게 소통 전략이었다. IR 부서니까 그렇게 관계를 설정하고 싶었던 거다. 물론 반대로 꼭 점심 이후인 2시 정도에 미팅을 하는 곳도 있었다. 졸려 죽겠는데, 밥 먹고 미팅을 가면 너무 힘들었다. 지금 생각해보면 그곳은 잘못된 시간을 선택한 것 같다.

잘하는 IR 활동은 활용할 도구가 많아야 한다. 논리력과 설득력 있는 자료도 필요하고, 실물을 볼 수 있는 공장 방문 행사도 필요하다. IR의 강력한 무기라고 할 수 있는 CEO 미팅을 구상하는 것도 좋은 방법이다.

---

14 1955년 미국의 심리학자인 조셉 루프트(Joseph Luft)와 해리 임햄(Harry Ingham)이 발표한 이론이다. '조하리'라는 용어는 두 사람 이름의 앞부분을 조합해 만든 것이다. 다른 사람과의 관계 속에서 자신이 어떤 성향을 지녔고, 관계 향상을 위해 어떤 성향을 개선해야 하는지 설명해준다.

▲ IR 담당자는 무엇보다 기업의 비전을 얘기해야 한다.

그리고 IR 활동을 정례화하는 것도 투자자들의 뇌리에 기업을 각인시키는 좋은 전략이다.

요즘 애널리스트들의 일이 많아졌다. 과거 내가 애널리스트로 활동할 때는 분기 실적에 대한 코멘트도 했지만, 장문의 깊이 있는 자료로 진검 승부를 했었다. 물론 단기적인 코멘트보다 결국 중요한 얘기는 기업의 비전이었다.

그런데 요즘 애널리스트를 보면 서비스의 폭이 엄청 넓어졌고, 영업 마인드도 강해졌다. 분기 보고서가 나오기 전에 예상 전망 자료를 내고, 실적 발표를 하면 이것에 대한 코멘트를 하고, 기업설명회를 하면 그것에 대한 간략한 반응을 보고하는 등 일이 참 많아졌다. 또한 심도 있는 자료들이 다양한 아이디어와 논리를 바탕으로 쏟아져 나오고 있다.

IR 담당자로서 이들과 무슨 얘기를 해야 할까? 결국 기업의 비전에 대해 얘기해야 한다. 기업이 앞으로 재정적으로 건전해지는 모습과 향후 창출할 수 있는 현금 흐름의 성장 속도, 개발하고 있는 제품이 미칠 장기적인 영향성에 대해 얘기하는 것이다.

물론 이런 얘기를 사원급에서 하기는 어렵다. 그래서 IR 부서에 사원급이 근무하는 것은 개인적으로 맞지 않다고 생각한다. 여긴 진짜 전쟁터고, 프로의 세계다. 서로 설득하고 웃으면서 상대방의 치부를 말하고 듣는 곳이다. 그만한 역량을 가진 구성원이 필요하다.

IR 부서의 조직

IR 부서의 하루 일과

아침이라고 하기엔 아직 이른 시간인데 눈이 떠졌다. 어제 발표된 증권사 기업 보고서가 영 마음에 안 들었는지 잠을 설쳤다. 그렇게 알아듣게 얘기했는데, 이런 표현을 쓰다니 오해가 없게 다시 얘기해야겠다. 누워 있으니 몸만 더 피곤해진다. 회사에 가자.

출근하는 자동차 안 라디오에서는 전일 뉴스와 분석 기사가 나오고 있다. 투자자들과 어떤 얘기라도 하려면, 경제를 비롯해 정치, 사회, 문화 등에 대한 상식이 있어야 한다. 잘 들어두자. 강변 도로를 타고 오면서 바라보는 한강 둔치에는 조깅을 하는 사람들이 보인다. 부럽다. 그런데 저 사람은 우리 회사의 주식을 갖고 있을까? 그럼 주가가 빠지면 나한테 전화할 수도 있을 것이다.

커피와 샌드위치를 사들고 부지런히 내 자리에 앉아 컴퓨터를 켜고 미국 증시를 쳐다본다. "에고, 시장이 떨어졌구나? 우리 회사와 관련된 기업들의 주가는 어떻게 됐나 볼까?" 세계 증시를 훑어보고 오늘 공시할 사항에 대해 다시 한번 검토한다. "오타가 있으면 정정해야 하는데…"라는 조바심부터 "좋은 뉴스가 나왔는데 주가는 오를까?"라는 기대감까지 다양한 감정이 공존한다.

주식 시장의 시작과 함께 시초가를 확인하며 회의실로 들어간다. "오늘 공시 내용은 우리 회사 매출액의 20%를 넘는 중요한 계약 사항입니다. 투자자들에게 이 내용을 어떤 방향으로 전달할지 고민합시다."

공시 후 언론 기사가 나오기 시작한다. 시간이 갈수록 기사는 사실 중심에서 분석 위주로 바뀌고 있다. 대체로 긍정적이지만 주가가 빠지기 시작한다. "이런, 역시 소문에 사서 뉴스에 파는구나."

증권사 애널리스트의 전화가 왔다. 주요 계약 사항과 수주 동향 등에 대해 얘기한다. "공정공시에 문제가 있어. 이 부분은 말하는 데 조심해야돼." 아까 직원들에게 한 말을 기억하면서 경계선을 넘지 않게 얘기를 마쳤다.

점심엔 투자자 미팅이 예정되어 있다. 점심 식사는 김영란법[15] 대상이라 선을 넘으면 안 된다. 그래도 메뉴가 언짢으면 안 되니까 분위기보다는 맛집으로 골라서 만날 예정이다. 점심을 먹고 돌아오니 난리가 났다.

주가는 빠졌고, 투자자들은 화가 났다. 좋은 뉴스인데 주가가 빠져서 심기가 불편한 모양이다. 아침에 출근할 때 간과 쓸개는 다 두고 왔으니 통화하는 데 심리적으로 어려움은 없으리라.

다행히 어제 미국 시장이 폭락한 영향이 있어 오늘 주가 하락은 좀 묻어갈 수 있는 분위기다. 오늘 주가에 대한 일일 동향 보고서를 부지런히 만들어 임원에게 보낸다. 오늘 공시는 기업 가치를 명백하게 높이는 내용인 만큼 주가에 긍정적일 것이다. 투자자들도 대부분 이런 의견에 동조하는 것 같다.

업무를 마치고 퇴근했지만, 오늘 저녁에 만날 애널리스트가 문제다. 우리 회사에 대한 목표 주가도 제일 낮고, 투자 의견도 부정적이다. 자료를 쓰는 데 더 필요한 데이터가 뭐가 있을까? 지난번에 우리 회사에 대한 오해가 생겼었는데, 오늘 좀 풀었으면 좋겠다.

그러나 하루 종일 내 마음을 무겁게 만드는 건 이런 일이 아니다. 오히려 IR 활동에 대해 잘 이해 못하는 상사를 설득하는 일이 더 힘들었다. 오전에도 몇 번이나 만나 하반기 IR 전략에 대해 설득했다. 그러나 돌아오는 대답은 이랬다. "이것을 해서 얼마나 주가가 올라갈지 분석해보고, 다른 회사는 어떻게 하고 있는지 조사해보고, 안 하면 어떻게 될지 분석해보고…"

---

15 김영란법의 정식 명칭은 '부정청탁 및 금품 등 수수의 금지에 관한 법률'이다. 2016년 9월 28일부터 시행되었으며, 언론인과 사립학교 교직원을 포함한 공직자의 부정청탁과 금품 수수를 금지하는 것을 핵심 내용으로 한다.

상사가 IR을 전혀 몰랐다면 내 마음이 조금이라도 나았을 것이다. 그런데 선무당이 사람만 잡는 게 아니라, 배를 들고 산으로 올라가려고 하니 답답할 노릇이다.

IR 담당자의 하루를 간략히 살펴봤다. 아마 이미 익숙한 사람들도 있겠지만, 아직 겪어보지 않은 사람들에겐 참고가 되었으리라 생각한다. 뒤이어 방금 살펴본 IR 담당자의 일을 더 구체적으로 살펴보겠다.

IR 담당자의 무기는 지성이다

요즘 지갑을 갖고 다니는 사람은 별로 없다. 주변을 둘러봐도 지폐를 사용하거나 지갑을 갖고 다니는 사람이 없다. 대부분의 기능이 핸드폰에 통합되어 있기 때문이다. 현대인은 핸드폰 하나를 사용해 대부분의 생활을 영위한다. 버스를 타거나 식당에서 돈을 지불하는 것, 심지어 카센터에 가서 정비를 하더라도 핸드폰으로 비용을 지불하니 어디를 가도 걱정이 없다. 통장에 돈이 없을 때 말고는 겁나는 게 별로 없다.

그런데 사람들이 핸드폰을 늘 지니는 것처럼 IR 담당자라면 지녀야할 무기가 있다. 바로 '지성'이다. "지성은 당연한 거 아냐?"라고 말하지만 그렇지 않다. 여기서의 지성은 지성知性과 지성至性을 의미한다.

첫째, 지성知性은 '지식'과 연결된다. 새로운 상황에 부딪쳤을 때 본능적이거나 맹목적으로 판단하지 않고, 지적인 사고에 근거해 생각하는 것이

▲ IR 담당자는 지성이란 무기를 지녀야 한다.

다. IR 환경은 기업의 상황에 따라 빠르게 변화할 때가 많다. 기업의 부정적인 요소도 투자자에게 알려야 할 의무가 있다. 그런데 만약 사실만 전달한다면 투자자에게 더 많은 오해와 혼란을 야기할 것이다.

새로운 상황이 닥쳤을 때, 어떤 시각을 갖고 해결할 것인지 판단할 수 있는 능력이 있어야 한다. 이것은 타고날 수도 있지만, 후천적인 영향이 크기 때문에 선배 구성원들의 도움이 필요하다. 즉 잘 훈련된 IR 인력이 있어야 조직이 안정적으로 운영될 수 있다.

둘째, 지성至性은 '성실성'과 연결된다. "지성이면 감천"이란 말이 있다. 정성이 지극하면 하늘도 감동한다는 뜻이다. 이처럼 자기 업무에 대한 정성과 노력이 필요하다. 왜냐하면 IR 업무는 하고 싶은 사람이 아니라, 할 수 있는 사람이 해야 하기 때문이다. IR 업무에는 꾸준함이 필요하다. 기업의 변화에 대한 데이터를 꾸준히 업데이트해야 하고, 늘 주식 시장을 비롯해 금융 시장과 산업을 쳐다봐야 한다. 그런 게 없어도 잘하는 사람이 있을까? 그런 사람은 없겠지만, 혹시 있더라도 좋은 모델이 아니다. 닮거나 물려줘야 할 본보기가 아니란 말이다.

셋째, 지성知性은 '성품'과 연결된다. IR 업무는 투자자들과의 관계가 중요하다. 사람과 사람이 만나는 업무인 만큼 성품은 중요한 요소다. 어느 날 투자자에게 전화가 왔다. 전화를 받은 사람이 누군지 알 필요도 없었는지 쌍욕으로 시작한다. 들어 보니 주가가 하락해서 걱정도 되고 해서 회사에 전화했다는 것이다. 그런데 IR 담당자는 이렇게 말했다. "우리 회사에 대해 제대로 알고 계시긴 한가요?" 본인도 기분 나빠서 전화한 것인데, 투자자가 느꼈을 당혹감은 안 봐도 뻔하다.

상황에 따라서는 맞설 때도 있지만 동조할 때도 있어야 한다. 내가 기분이 나쁘다고 투자자의 심기를 불편하게 한다면, 아무리 지식이 많고 IR 부서원으로서 해결사라고 하더라도 소양이 없는 것이다. 결국 이건 교육이라는 후천적 과정을 통해 단련시켜 나갈 수밖에 없다. 가장 중요한 건 관계와 소통이다. 그래서 자기 변화를 받아들일 수 있는 열린 마음이 필요하다.

주주와 회의체 관리 업무

다음으로 생각할 수 있는 IR 부서의 업무는 주주총회, 이사회, 주주

▲ IR 담당자는 정관에 대해 잘 알아야 한다.

관리 업무다. 주주총회는 정기적으로 1년에 한 번 개최된다. 주주총회는 기업의 중차대한 결정이 이뤄지는 곳이기도 하다. 대표이사, 사외이사와 같은 주요 경영진이 임명되고, 배당의 규모, 정관의 변경 등 중요 의사결정이 이뤄진다.

나는 정관에 대해 주의 깊게 연구하라고 조언하고 싶다. 정관은 기업이 경영 활동을 하기 위해 정해 놓은 틀이다. 이 틀을 벗어나서 경영하는 것은 법을 위반하는 것이다. 예를 들어 정관에 증자, 사채, 그리고 주식관련사채[16]를 발행할 수 있는 한도가 100억 원으로 정해져 있다면 그 이상으로는 발행할 수 없다. 그래서 기업이 어떻게 변화하고 있는지, 법률이

---

16 채권으로 발행되지만, 주식으로 전환할 수 있는 사채를 말한다. 대표적인 것으로는 전환사채, 신주인수권부사채, 교환사채를 들 수 있다.

어떻게 변화하고 있는지 주목하면서 정관을 능동적으로 개정해야 한다.

이사회 업무는 회의체를 운영하는 수준에서 관리하면 된다. 그런데 이사회 업무를 주관하는 부서의 장점이자 단점은 경영진을 자주 만날 수 있다는 점이다. 그래서 이 업무를 탐내는 부서가 더러 있다. 이 업무를 통해 경영진을 자주 만나는 것이 승진에 도움이 된다고 생각하기 때문이다. 정말 전문적이지 못한 사람들의 생각이다.

부서마다 고유한 역할과 책임이 있다. IR 부서는 이것이 업무 영역이어서 하는 것이지, 이 일을 통해 떨어지는 부산물을 먹겠다고 일을 하는 게 아니다. 회사를 오래 다니다 보면 깨닫는 게 있다. 임원을 잘 알면 승진할 수도 있지만, 그 반대의 경우도 많다는 것이다. 그저 자기의 일에 매진하길 권한다.

전문가의 길로 들어서는 기타 업무

IR 부서는 기타 업무도 수행한다. IR 전문가의 업무란 일상 업무, 이벤트 업무, 미디어 업무, 공시 및 상장 관련 업무, 그리고 M&A 업무 등으로 구분된다. 마지막에 M&A 업무 등은 무얼 의미하는 것일까? 기업 가치를 제고하는 일에는 영업 활동, 재무 활동 외에도 다양한 일이 있다. M&A가 그중 하나다. M&A는 기업의 인수와 합병을 말한다.

한번 생각해보자. ESG 경영은 어느 부서에서 맡아야 하나? 당연히

IR 부서에서 맡아야 할 것이다. ESG는 기업의 비재무적 요소인 환경environment, 사회social, 지배구조governance를 뜻한다. ESG 경영은 이런 ESG를 고려해 경영하는 방식을 말한다. 따라서 IR 부서가 기업 가치에 영향을 주는 ESG 경영도 관리하는 게 좋다. 과거에는 실적만 갖고 기업을 평가했다. 그러나 이제는 장기적으로 '지속 가능성'을 염두에 둔 ESG 경영이 각광받고 있다.

나는 당신이 공시 담당자, IR 담당자에서 한 걸음 더 나아가 'IR 전문가'가 되길 희망한다. 결국 IR 활동은 주가를 관리하거나 공시 업무를 수행하는 것을 넘어 기업 가치를 제고하는 것에 방점을 찍는 모든 활동이다.

기업 조직도에서의 위치

IR 부서는 기업 조직도에서 어디에 들어가야 할까? 조직을 어디에 배치하느냐는 매우 중요하다. 예를 들어 영업 조직 산하에 있다고 생각해보자. IR을 통해 수익을 올릴 수 있을까? 아닐 것이다. 서로 공유할 수 있는 목표가 다르다. 대부분의 IR 부서는 커뮤니케이션 조직, CFO 산하, 그리고 기획이나 관리 부서 산하에 들어가 있다.

IR 부서를 어디에 두느냐는 기업이 IR을 홍보의 관점에서 보느냐, 재무적 관점에서 보느냐의 차이일 수 있다. 그러나 이것은 이미 오래전에 결론이 난 사안인데, CFO 산하에 두는 것이 원칙이다. 공시 책임자가 CFO

이기 때문이다. 기업설명회를 가더라도 가장 빛나는 임원은 CEO와 CFO다. 공시 책임자 산하에 공시 담당자가 있는 건 너무나 당연한 일이다.

커뮤니케이션 조직에 두는 건 좀 고민해봐야 한다. 왜냐하면 홍보, IR, 대외 협력 등 조직의 특성이 사뭇 다르기 때문이다. 또한 IR을 홍보와 비슷하게 보는 건 좀 위험한 생각이다. 정보의 양과 수준, 지켜야 할 법의 테두리가 서로 다르기 때문이다. 홍보 부서에 얘기해도 IR 부서에 얘기하지 못하는 게 있을 수 있다. 부서장이 이걸 잘 관리할 수 있다면 문제가 없을 것이다. 그러나 쉽지 않은 일이다.

간혹 재경 부서나 관리 부서 산하에 두는 기업도 있다. 그 부서들이 기업에서 차지하는 역할과 중요도를 봐서는 IR 부서와 상관없어 보인다. 그래서 재경 부서 출신이 IR 부서장으로 오는 것은 효율성 측면에서 좋지 않다고 생각한다.

IR 부서의 인력 구성은 몇 명이 좋을까? 그 적정성을 논하기는 어려울 것이다. IR협의회에서 발간한 자료에 따르면, 아시아 지역의 IR 부서 전체 평균 인력은 3.1명으로 조사되었다. 기업의 규모에 따라 2.3명~4.4명으로 다소 상이하게 나타났다.[17] 경험적으로는 5~6명 정도가 적당하다고 생각한다. 중요한 건 업무의 범위다.

대략적으로는 투자자와 소통하는 업무, 공시 업무, 주주총회, 이사회, ESG위원회 등 회의체 운영 업무 정도로 운영되고 있을 것이다. 그러나

---

17 IR협의회, '글로벌 IR 실무보고서 2019: 아시아 IR 현황', IR FOCUS, 2020년 5월

투자를 검토하고, 관련된 분야의 시장 소통 등 업무가 도입된다면 인력 충원은 불가피하다. 하지만 만약 IR 부서에 대한 인식이 부족한 경영진이 있다면 굳이 더 충원할 필요는 없을 것이다. 인력을 많이 유지하는 것은 비용적인 측면에서도 부적절한 측면이 있기 때문이다.

배를 들고 산으로 가는 사람들

IR 활동에 있어 걸림돌은 외부만큼 내부에도 널려 있다. 나름의 논리와 경험을 바탕으로 한 선무당 때문이다. 선무당은 사람을 잡기도 하는데, 이것은 무지와 용맹으로 무장한 결과다. 세상에서 가장 무서운 건 물불을 가리지 않고 덤벼드는 사람이다. 불행하지만 그가 잘못된 방향으로 나갈 때는 방법이 없다.

더욱이 그가 IR 부서의 상사라고 생각해보라. 입에 담기도 어려운 최악의 상황을 경험할 것이다. "우리는 주가가 왜 이렇게 안 올라? 팀장이 문제 있는 거 아냐?" "난 재수도 참 없어. 자네 같은 부서원을 운명적으로 만났으니 말이야." 이런 말을 듣기 쉽다. 세상에 운명이 있을까? 스티븐 호킹Stephen Hawking의 말처럼 아무리 운명을 믿는 사람도 횡단보도를 건널 땐 좌우를 살핀다고 하는데 말이다.

여기에서 선무당은 과거에 IR 부서에 몸담아본 사람을 말한다. 상급자가 될 수도 있다. 주식 시장이 빠르게 변하듯 IR도 빠르게 변한다. 예를 들어 과거에는 홈페이지를 통해 탐방 일정을 잡는 게 유행이었다. 그러나 지금은 대부분 사라지고 이메일과 전화를 주로 이용한다. 선무당이 된 사람은 옛날 생각만 한다. 이렇게 말하면서 말이다.

"나 때는 말이야(latte is horse)."

그래, 그때는 그렇게 했다. 그러나 지금은 그때가 아니지 않나? 이런 사람들이 나름 추진력을 보인다고 저돌적이기라도 하면, 그 부서는 최악의 상황으로 변한다. 말하는 사람이 많아서 배가 산으로 가는 게 아니다. 선무당 하나가 배를 들고 산으로 가니 당해낼 도리가 없다.

IR 활동의 가장 큰 걸림돌은 내부에도 많다는 것이 담당자들의 중론인 것 같다. 생각해보면 IR 활동에 있어 가장 힘든 것 중 하나가 상급자를 이해시키는 것이다. "이번 IR 행사는 이렇게 진행하겠습니다." "그래요. 고생하시고, 이 행사를 하면 주가가 얼마나 오를지는 보고서에 없네요. 숫자가 있어야지…"

이런 선무당들의 행동은 결국 구성원들의 스트레스 지수를 높임과 동시에 흡연자에게는 흡연 시간을 급격하게 상승시킨다. 왜 이렇게 해야 하는지 아무리 설득해도 이해하지 못한다. 어쩔 땐 안 하면 주가가 어떻게 되는지 보고서에 쓰라고 하니 누구에게 얘기하기도 창피하다. 시장의 흐름과 자신이 살아온 시계가 다르니 그럴 수밖에 없다. 퇴보하더라도 할 수 없다.

선무당이 배를 들고 산으로 갈 때는 그냥 그렇게 가자. 용감하게 외치지 말라는 데는 이유가 있다. 주식 시장에 대한 이해, IR 활동에 대한 이해, 전략적인 방향에 대한 이해는 누가 시켜야 했나? 바로 당신이다. 당신이 그것을 하지 못해 벌어진 일이니 남을 탓할 수는 없다. 인내심을 갖고, 네트워크를 유지하면서 기업에 대한 연구로 이해의 폭을 넓혀야 한다. 때를 기다려라.

선무당이 IR 부서에게 주는 폐해는 또 있다. 그것은 고유의 업무 영역을 나눠 먹으려고 하는 것이다. 시장과의 소통을 통한 투자자 관리나 공시 업무는 이견이 없다. 그러나 회의체 운영은 좀 다르다. 예전에는 이 업무를 총무나 운용 부서에서 담당한 적도 있었다.

왜냐하면 주주총회를 준비하는 것이나 이사회 등의 업무는 자료 작성, 회의체 운영을 위한 공간 확보, 이사진 참여 등을 위해 총무 부서에서 담당하기도 했기 때문이다. 주총꾼[18]을 관리하는 것도 총무 부서의 업무이기도 했다. 그러나 지금 대부분의 IR 부서에서는 본 업무를 총괄 운영한다. 이사회를 준비하는 것은 물론이고, ESG 회의체 운영 등을 포함한다.

문제는 이 업무가 승진을 위한 문고리를 잡을 수 있다는 그릇된 인식에서 출발한다. 그래서 여기저기서 기웃거리기도 한다. 사내의 성골이 되

---

18 주총꾼에 대한 명확한 정의는 없다. 다만 일반적으로 보유 주식이 1주와 같이 적은 주식을 보유하고 있으며, 주주총회에 참석해 의사발언 등을 통해 회의를 방해하는 훼방꾼을 일컫는다.

고 싶은 부류들은 항상 문고리를 잡고 싶어 한다. 그래서 본연의 업무와 상관없이 여기에 끼고 싶어 한다.

기업이 구멍 가게였을 때는 이것저것 다 했을 것이다. 그러나 상장사가 업무를 이런 식으로 관리하는 것을 보고 투자자가 어떻게 생각할까? 모든 조직은 고유한 일이 있다. 그 일에 집중하고 거기서 미래를 보는 것이 좋을 것이다. 그런 사람들에게는 문고리가 필요 없다.

2장

시장을 이해해야
성공한다

주식 시장을 알아야 성공한다

IR 담당자는 감정 노동자다

주가가 떨어진 날, 어김없이 걸려오는 전화가 있다. "나 주주인데, 주가가 왜 이 모양이야? 사장 바꿔봐." 전화는 반말로 시작된다. 그러더니 욕을 한 바가지 해대곤 끊어버린다. "그렇게 기분 나쁘면 팔면 되잖아요!"라는 말이 목구멍까지 올라온다. 전화한 사람은 정말 주주일까? 오늘 사서 내일 팔면 그게 주주인가? 그러나 하루라도 주식을 갖고 있으면 주주가 맞다. 그래서 불만이 가득한 대화라도 차분하게 대처해야 한다. 내 경험상 인내심을 갖고 차분하게 설명하면 좋게 마무리됐다.

주식 시장을 이해하면 절반은 성공

우연찮게 어느 스님과 얘기할 기회가 있었다. 내가 놀란 건 타 종교에 대해 엄청난 지식과 이해를 갖고 계셨다는 점이었다. 그 덕분에 많은 얘기로 즐거운 시간을 보냈다. IR 부서원이 주식 시장의 흐름이나 기관투자자에 대해 잘 알면 IR의 '5부 능선'[1]은 넘은 것이다. 시장의 흐름을 안다는 건 자본 시장, 즉 경제가 어떻게 흘러갈지 안다는 것이다.

자본 시장은 우리 경제와 기업의 미래를 보여주는 거울이라 할 수 있다. 사실 우리 회사의 이번 분기 실적, 연간 실적, 매출액, 영업 이익, 투자비, 예상 비용 등만 잘 알면 투자자를 만나는 데 어려움은 없다. 그렇지만 거기까지다. 세상을 모르는데, 서로 무슨 얘기를 할 수 있을까? 간단한 인사를 하고 바로 실적 얘기를 하고 끝이다. 똑같은 얘기의 반복은 서로의 관계를 건조하게 만든다.

또한 시장의 언어를 잘 이해할 필요가 있다. 예를 들어 기업 분석가들이 사용하는 기업의 투자 의견에는 '매수buy, 중립hold, 매도sell'가 있다. 매수, 매도는 투자의 방향성을 알기 쉽다. 그런데 도대체 중립은 무슨 의미일까? 갖고 있으면 오를 테니 기다리란 말인가? 이 말이 무슨 말인지를 잘 이해할 필요가 있다. 결론적으로 당장 더 오를 일이 없으니 사지 말란 말이다. 우회적으로는 팔고 다른 걸 사라는 얘기로 이해할 수도 있다.

---

[1] 산의 50% 높이를 말한다.

한편 매도 의견은 과감할 수 있지만, 기업과의 관계가 흐트러질 수도 있어 쉽게 얘기할 의견은 아니다. 이렇듯 시장의 언어를 잘 이해할 필요가 있다. CEO를 비롯한 경영진이 IR 부서에 가장 많이 하는 질문은 아래와 같다.

"오늘 왜 올라요?"

"오늘 왜 떨어지나요?"

"우리 회사 적정 주가는 얼마예요?"

나는 이 중 마지막 질문에 대해 얘기해보려 한다.

CASE 1

경영진: 우리 회사 적정 주가는 얼마죠?

담당자: 네. 지금 4만 원으로 보고 있습니다. 현재 주가가 3만 원이니까 많이 싼 편입니다. 사람들에게 사라고 해야 됩니다.

만약 IR 담당자가 위와 같이 대답했다면, 경영진은 바로 얘기할 것이다. "근데 주가가 왜 안 오르죠? IR 부서는 노력을 안 한 건가요?" 이렇게 얘기가 진행되면 "그게 지금 주식 시장이 안 좋아서…" "외국인이 팔고 있어서…" 구구절절 구차한 변명을 하기 시작한다. 만약 말한 게 정답이라고 해도, IR 담당자가 할 수 있는 게 있을까? 결국 이런 대답은 화약을 안고 불구덩이에 들어가는 격이다.

경영진: 우리 회사 적정 주가는 얼마죠?

담당자: 네. 주식 시장에서는 연말 순이익이 250억 원은 나와야 주가가 4만 원까지 간다고 얘기하고 있습니다. 그런데 시장 논리로 볼 때 우리가 목표하는 올해 순이익 150억 원으로는 주가가 2만 4천 원 정도로 예상됩니다. 주가가 떨어질 것 같습니다.

위와 같은 IR 부서의 보고에 경영진은 심각한 얼굴을 하고 말한다.

"그렇다면 이익을 더 올릴 수 있는 방안이 무엇인지 다같이 논의해보고 IR은 어떻게 할 것인지 고민합시다."

IR 부서에서는 현재의 주가가 더 오를 수 있다고 얘기한 것이 아니라, 기업의 경영 활동을 통해 이익을 늘려야 함을 제시한 것이다. 이처럼 주식 시장에서의 평가는 기업에게 하나의 목표를 제시해준다. 또한 IR 부서에게도 활동의 방향을 설정해준다.

앞서 기업의 전망과 시장의 목표 가격(컨센서스)의 차이가 너무 벌어지면 안 된다고 말했다. 이 같은 차이는 기업의 보수적인 자료 제공, 분석가들의 정보 부족에 따른 오해, 가이던스 발표 직후에 나타나는 왜곡(주식시장의 아노말리 중 1월 효과[2]), 시장에서의 관심이 상대적으로 높기 때문으로 풀이된다.

따라서 IR 담당자는 시장 컨센서스를 주목할 필요가 있다. 이것을 통해 기업 내부에 좀 더 압박을 가할 수 있고, 외부로는 정보의 비대칭성을 완화시킬 수 있다. 또한 IR의 방향도 정립할 수 있다.

증권사의 보고서가 부족할 때

증권사의 기업 보고서가 부족할 때가 있다. 그래도 지금은 기업 공개IPO 이후 의무적으로 보고서를 제시해야 하는 규정이 생겨 이런 부족에 대한 갈증은 해소되고 있다. 과거 애널리스트 시절 중소기업 대표이사가 회사 앞에 직접 방문한 적이 있다. 만나고 싶지 않았지만 대표이사가 찾아오는 건 드문 일이었기에 만났다. 그런데 발에는 깁스를 하고 있었다.

그분은 나를 보자마자 "우리 회사가 상장했는데 증권사 보고서가 하나도 없다."라며 의아해했다. 그래서 보고서가 필요하니 하나 써줄 수 있냐고 물었다. 나는 좋은 회사니까 곧 증권사에서 보고서가 나올 거라고

---

2 1월의 주가상승률이 나머지 달보다 높게 나타나는 현상이다.

말했다. 그리고 IR 활동을 더 열심히 하면 될 것 같다고 말했다. 다행히 얼마 뒤 다른 증권사에서 보고서가 나와 대표이사의 걱정은 해소되었다.

또 하나의 예는 투자 관련 업무를 할 때다. 어떤 상장사에 갔더니 담당자가 무슨 자료를 나눠주는데, 자세히 보니 형식은 증권사 기업 보고서와 비슷했다. 근데 본인이 쓴 거란다. 나름대로 목표 주가까지 적었다. 우습기도 했지만 나름 노력한 흔적이 보였다. 나온 보고서는 없는데 당장 필요는 하니 자기가 직접 만든 것이었다. 그 자료를 참고하기도 했지만, 노력을 생각하니 기업의 적극성이 엿보였다.

보고서의 수가 적은 것은 시장 논리에 의한 것이기도 하지만, IR 부서의 노력에 대한 흔적으로 보일 수도 있다. 그래서 전략을 세워 보고서가 나오게 할 필요가 있다. 기업의 시가 총액이나 수익성이 낮으면 어쩔 수 없다. 그러나 정보가 적은 게 이유라면, 기업의 동향을 시장과 공유할 필요가 있을 것이다.

정상적인 IR 활동을 위해서는 기업 보고서와 뉴스가 필요하다. 증권사가 적정 주가를 발표하면, 그 후에도 지속적으로 자료를 보충한다. 따라서 여기까지 도달하려는 노력이 필요하다.

리스크를 관리하라

'폭탄 돌리기' 게임을 생각해보자. 그 게임에는 승자가 없다. 왜냐하면 패자 하나를 고르는 게임이기 때문이다. 나만 아니면 되니까 어디서 폭탄이 터지든 관심이 없다. 만약 책임 여부를 따지는 거라면, 경영진에게 빨리 보고해 책임이란 폭탄을 떠넘기는 게 나을 수도 있다.

위험해진 시장 상황에 대한 빠른 보고는 반드시 필요하다. 빨리 보고했다고 싫어하는 경영진은 별로 없을 것이다. 오히려 늦게 보고했다고 싫어하는 경영진의 비율이 더 높을 것이다. 직장생활을 하다 보면 어쩔 수 없이 눈치를 보게 된다.

IR 담당자는 투자자의 눈치를 살펴야 한다. 그러나 경영진의 의중도 잘 알아야 한다. 경영진이 전화로 "오늘 왜 주가가 빠져요?"라고 물어보게 해서는 안 된다. 그렇게 되면 이미 한발 늦은 것이다. 그래서 어느 정도 주가가 하락하면 어떻게 대응할지 미리 정해 놓는 것이 중요하다.

예를 들어보겠다. A사는 IRSAP$_{\text{IR Standard Action Policy}}$[3]를 만들었는데, 여기서는 그중 하나인 위기 관리 프로그램 구축에 대해 소개하기로 한다.

먼저 리스크$_{\text{risk}}$란 말을 이해해야 한다. 재무에서 말하는 리스크는 '향후 발생할 수 있는 수익의 변동 가능성'을 말한다. 변동 가능성이므로 하락하는 것도 리스크지만, 상승하는 것도 리스크다. 장중의 주가 변동

---

3 필자가 만든 운영 계획이다. 기업의 주가 변동에 따른 사전적인 준비와 사후적인 조치 등을 의미한다. IR 업무를 표준화시키고 선진화시키는 데 그 목적이 있다.

| A사의 IRSAP |

주가 변동	단계	실행 계획		
		보고 범위	검토 범위	실행 방침
2~5%	준비	실무장	재무/기획	주식 시장 여건 및 주변 환경 파악 등
5~10%	주의	CFO	본부	본부별 대내외 실적 변동 포인트 점검 등
10% 이상	심각	대표이사	기업 전체	대응책 마련 및 공시 여부 점검 등

성을 2~5%(준비 단계), 5~10%(주의 단계), 10% 이상(심각 단계)으로 정의했다. 단계별로 보고 범위, 검토 범위, 회의를 진행하면 들어와야 되는 부서의 수준 등을 정해 놓는다.

준비 단계에는 시장 상황과 주가 변동을 실무 상급자 선까지 보고한다. 물론 자료로 만들 필요는 없다. 채팅 등의 소통 수단을 이용하면 된다. 주의 단계에 들어 가면, 긴장해야 한다. 먼저 주식 시장의 참여자, 즉 애널리스트, 매니저에게 시장 동향을 파악한다.

이 변동성이 우리만의 문제인지, 산업 전체의 문제인지, 아니면 시장의 문제인지 알아야 한다. 기업에 영향을 주는 뉴스가 대내외적으로 있는지 파악해 보고한다. 심각 단계에 들어서면, CFO뿐만 아니라 CEO에게까지 즉시 보고할 수 있는 상황으로 올라간다. 그래서 IR 부서 이외에 자금, 경영 관리, 생산 등의 부서에서 나타날 수 있는 원인을 파악하고 회사 차원의 대응 논리를 마련한다. 필요하면 공시도 검토할 수 있다.

▲ 리스크를 관리하지 않으면 언제 터질지 모른다.

사안이 위중하면 컨퍼런스콜[4] 등을 통해 시장에 현안과 대응책을 설명할 수 있다. 물론 공정공시의 문제는 최우선 검토 대상이다. 결국 이런 위기 관리 프로그램의 구축 목적은 대내외 기업의 신뢰도를 유지하면서 주가의 변동성을 축소시키는 것이다. 마지막 단계는 피드백feedback이다. 피드백은 후속 처리를 의미한다. 상황 변동 및 종료 시 원인을 분석하고, 향후 대책 수립에 대한 제반 사항을 즉시 경영진에게 보고하는 것이다.

---

4 컨퍼런스콜(Conference call)이란 투자자를 대상으로 자사의 실적과 향후 전망을 설명하기 위해 여는 전화 회의다.

적정 주가를
계산하고 분석하라

당신은 프로인가

직장생활을 하면서 정말 프로다운 프로를 본 적이 있다. 그는 바로 내가 다녔던 직장에서 구두점을 하던 사장님이다. 그분은 한글을 모르셨다. 그래서 늘 종이 쪽지에 나름대로 표시를 하면서 누가 돈을 냈는지 확인하셨다. 대부분이 기억력에 의존했으니 이것도 대단한 일이다.

언젠가 회사 직원이 상喪을 당해서 상갓집에 간 적이 있었다. 많은 사람이 들락날락했으니 바뀐 신발을 신는 건 어쩔 수 없었다. 몇몇이 신발을 바꿔 신고 회사에 돌아왔지만, 누구 것인지 알 수가 없어 고민스러웠다. 그런데 구두점 사장님이 말했다.

"아니 왜 총무 팀장 신발을 신고 있지? 총무 팀장은 감사 팀장 신
발을 신고 있어서 내가 바꿔줬는데…"

결국 그분이 바꿔 신은 신발을 모두 정리해줬다. 글을 모르지만 돈 받
는 데 지장이 없었고, 표시도 안 되어 있는 신발을 보고 누구 것인지 금
방 알아보는 모습을 보며 진정한 프로라고 생각했다.

당신은 프로인가? 아니면 직장인인가? 나는 이런 질문을 던지고 싶다.
직장인은 프로가 아니어도 될까? 정기적인 월급을 받는 직장인은 프로
의식이 조금 떨어질 수 있다. 시간이 지나면 월급이 따박따박 들어오기
때문이다.

만약 당신이 일한 만큼 돈을 번다고 생각해보자. 그렇다면 당신은 지
금의 월급을 받을 수 있을까? 동물원에 있는 동물들은 먹이를 찾기 위해
돌아다니거나 굶주리지 않아 야성이 상대적으로 떨어진다. 본래의 성질
을 잊어버리는 것이다. 사람도 마찬가지다. 월급쟁이는 한 달에 한 번 통
장을 스쳐 지나가는 월급에 익숙해진다. 그래서 프로 정신을 갖고 일하
려고 하지 않는다.

IR 담당자는 프로다

누누이 언급하지만 IR 담당자는 기업의 전략적 비즈니스 자산이다.

다르게 말하면 기업은 이들을 전략적 비즈니스 자산의 역량을 갖도록 육성해야 하고, 자신은 그런 역할을 감당할 수준이 되어야 한다는 의미다. IR 담당자는 기업과 금융 시장의 접점에 있는 사람이다.

금융 시장의 투자자들은 합리적이고, 냉정한 논리로 기업을 바라본다. 이들 역시 프로다. 이들의 투자 의사결정은 펀드의 손익과 직결되어 있다. 그래서 이들이 프로 근성을 갖지 못해 벌어지는 투자의 손실은 이들의 밥줄과 직결된다. 반대로 기업을 대표하는 우리가 이들을 만날 때 역량이 부족하다면, 그들은 투자하는 것에 인색해질 수밖에 없다.

프로는 정체성과 목표 의식이 뚜렷해야 한다. 내가 누구이고 어디에 서 있는지, 갈 곳은 어디이고 종착역에는 무엇이 기다리고 있는지 명확해야 한다. IR 담당자가 편한 위치는 아니다. 주가가 떨어지는 날에는 어김없이 투자자들의 항의를 받아야 한다. 그리고 내부에서도 왠지 뭘 잘못한 사람처럼 주눅 들 때가 있다. 그렇다고 주가가 올라갈 때 칭찬이나 격려를 받는 것도 아니다. 공시 업무는 잘해야 본전일 때가 많다. 그래서 사실 고독한 자리라는 생각을 많이 한다.

프로는 몸값이 있다. 당신은 몸값이 있는가? IR 활동을 잘한다고 해서 월급을 더 많이 받지 않는다고 생각하는가? 그렇다면 당신은 이미 프로가 아니다. 프로는 스스로 몸값을 결정한다. 능력이 보수를 결정한다는 것이다. 이것은 한 직장에만 근무하는 것을 의미하지 않는다.

나는 IR 담당자들의 몸값이 계속 올라가는 세상이 올 것이라고 믿는다. 그들에게는 지식과 네트워크가 있다. 기업에는 이들을 대체할 사람도 마땅치 않다. 중요한 건 이 자리가 어떠냐가 아니라, "내가 프로의 삶을 살고 있는가?"이다.

적정 주가 산정을 위한 주요 구성

당신은 기업의 적정 주가가 얼마인지 계산할 수 있는가? 적정 주가와 실제 주가의 차이를 경영진에게 어떻게 설명하고 있는가? 주가는 경영진에게 매우 민감한 요소다. 어느 곳은 경영진의 평가 요소에 주가를 반영하기도 한다. 내 임기 중 주가가 반 토막 났다면, 아무리 경제가 어렵다고 하더라도 부담스러운 요인일 것이다.

그런데 외환위기나 금융위기가 닥칠 때는 주가가 의미가 없다. 이럴 땐 뭘 해도 주가에 유의미한 영향을 못 준다. 따라서 주가가 평가 요소에 반영이 된다면, 코스피 지수나 코스닥 지수와 비교해 상대 수익률 등을 평가하는 게 바람직할 것이다.

이렇게 경영진에게 있어 주가는 민감한 요소인데 당신은 지금 경영진에게 어떤 정보를 주었나? 그들을 안심시켰나? 아니면 그들에게 정확한 주가에 대한 정보를 제공해 향후에 닥칠 일들에 대해 대비하게 했는가?

IR 담당자는 주가를 계산할 수 있어야 한다. 최소한 애널리스트가 제시한 적정 주가에 대한 해석은 할 줄 알아야 한다. 적정 주가를 계산할 수 있다는 건 재무제표를 이해하고 있다는 것이다. 반면 본인이 몸담고

▲ IR 담당자는 적정 주가를 계산할 수 있어야 한다.

있는 기업의 재무제표, 특히 손익 계산서의 흐름을 알지 못한다는 것은 IR 담당자로서 자격이 없는 것이다.

우리 회사의 매출은 어떻게 구성되는가? 부문별 매출액, 과거의 흐름, 그리고 매출 발생이 예상되는 수주 잔고 등은 늘 파악하고 있어야 한다. 매출액은 부문별로 파악할 수 있지만, 부문별로 성장 또는 쇠퇴하는 부문이 있을 것이다. 이것에 대한 전략은 무엇인지 정리해야 한다.

그리고 우리 회사의 비용 구조는 어떤지, 매출액을 차지하는 원가 구성은 어떤지, 그리고 원자재에 대한 가격 동향, 구매 현황은 어떤지 머릿속에 정리해야 한다. 또한 판관비, 인력의 수급 현황, 각종 비용에 대한 비중의 변화, 대손 충당금 설정 등에 대해서도 주지하고 있어야 한다.

영업외손익도 중요한 부분이다. 기업에 미친 환율의 영향, 이자 비용의 추이, 그리고 지분법[5]에 영향을 미칠 자회사들의 실적 추이가 검토되어야 할 것이다. 법인세 등을 고려해 나오는 당기순이익은 정상적인 것인가? 즉 환입 요소나 다른 이익 등 요소가 차지하는 비중이 크지는 않은지 검토해봐야 한다.

이제 당기순이익이 산출되었다. 증자를 통한 자금 조달은 있었는가? 보통주 증자나 주식 관련 채권들의 발행에 따른 신주 발행이 있을 것이고, 가중 평균 일자를 계산해 주당순이익 계산에 반영될 주식수도 나올 것이다. 당신은 주당순이익$_{EPS}$[6]을 산출했다. 이것은 적정 주가를 산정할 때 중요한 지표가 된다. 물론 수익을 기반으로 한 주가 산출 방식에 근거해서 하는 얘기다.

다음으로 주가수익비율$_{PER}$[7] 산출이 필요하다. 이것이 높은 게 좋은지, 낮은 게 좋은지는 기업과 산업의 사이클에 따라 다르게 해석된다. 그런데 요즘엔 내가 경쟁 기업 또는 유사 기업들의 실적을 추정해 주당순이익을 산출할 만큼의 노력을 들일 필요는 없다. 시장 컨센서스라고 하는 증권사들의 수익 추정에 대한 산술 평균치를 제공해주는 서비스가 있기 때문이다. 따라서 이를 이용하면 상대적으로 기업들의 평균 PER를 쉽게 얻을 수 있을 것이다.

이제 대략적인 EPS와 PER가 산출되었으니 적정 주가에 대한 평가가

---

5 예를 들어 A사가 B사의 지분을 갖고 있다고 하자. 이때 B사의 주가 추이에 따라 A사도 수익과 손실을 볼 수 있다. 이걸 A사의 실적에도 반영하는 걸 '지분법'이라고 한다.
6 주당순이익은 'Earning Per Share'를 줄여 EPS라고 부른다. 말 그대로 당기순이익을 주식 수로 나눈 값이다.
7 주가수익비율은 'Price Earning Ratio'를 줄여 PER라고 부른다. 주가를 주당순이익으로 나눈 값이다.

이뤄졌다고 봐야 할 것이다. 그러나 사실상 기업 가치를 대표하는 주가를 산정하는 방식은 다양하다. 앞서 언급한 대로 순이익, 매출액 성장률, EPS 성장률 등이 상대가치 평가방법에 사용되고, 영구 성장률, 부채 비율, 가중평균자본비용WACC[8], 영업 현금 흐름 등은 절대가치 평가방법에 사용된다.

또한 사업별 가치를 각각 산정해 합산하는 방식도 자주 사용되고 있다. 따라서 그 기업을 어떻게 평가할 것인지에 따라 기업의 가치는 상이하게 나타날 수 있다.

적정 주가는 시장의 요구다

적정 주가는 일반적으로 향후 추정된 순이익 또는 매출액 등이 정당하다면, 이 정도 주가는 되어야 한다는 걸 의미한다. 그래서 적정 주가가 현재 주가보다 높다고 좋아할 건 아니다. 그만큼의 매출이나 이익을 실현시켜야 한다는 시장의 요구이기 때문이다.

내부적으로 전망하는 이익의 규모가 시장의 예상치보다 적다면 주가는 떨어질 수 있다. IR 담당자는 통찰력 있게 기업 내부의 역량을 높여 수익을 높일 수 있는 방안을 마련할 수 있도록 재촉해야 한다.

---

8 기업은 저마다 자본 조달을 위한 원천이 존재한다(부채, 주식 등). 이런 원천별 자본 비용이 총 자본에서 차지하는 비중을 말한다.

적정 주가가 너무 높으면 낮출 필요도 있다. 전망하고 있는 실적을 너무 높게 예측하고 있을 수도 있기 때문이다. 물론 반대의 경우도 가능하다. IR 활동은 적정 주가를 높이는 게 목표가 아니다. 주가의 변동성을 낮추면서 기업 가치 제고에 기여하는 게 목표다. 따라서 적정 주가의 수준이 현재 주가와 어떤 차이를 보이고 있는지 파악해 거기에 맞는 IR 전략을 펴야 한다.

IR 담당자에게 있어 실적 시즌에 나타난 어닝 쇼크와 어닝 서프라이즈는 축구 경기에서 심판이 선수에게 주는 옐로 카드와 같다. 담당자가 그것을 미리 알고 시장과 소통하지 않았기 때문에 발생한 일이다. 담당자가 늘 하는 얘기대로 발표일까지 몰랐다는 건 변명일 것이고, 정말 그랬다면 본인의 수준을 보여주는 것이니 답답할 노릇이다. 시장에 충격을 주는 것은 결코 좋지 않다. 그렇다고 어떤 사건을 미리 알려줄 수도 없으니, IR 담당자는 시장과 소통을 잘해야 한다.

생활에서 배우는
기업 가치 평가

자산 평가에 중요한 두 가지 요소

한 여자가 설레는 마음으로 커피숍에 앉아 있다. 결혼에 대한 생각이 많아 소개팅을 하러 나온 것인데, 어떤 남자를 만나게 될지 자못 궁금해 하며 기대하고 있는 것이다. 저 멀리서 한 남자가 걸어온다. 순간 이 여자의 마음속에는 남자에 대한 평가가 순간적으로 내려진다.

"폭탄일 거 같은데…."

"아냐, 괜찮을 거 같아."

그건 남자도 마찬가지다. 이후 둘은 여러 얘기를 하면서 서로에 대해 알아간다. 둘은 헤어지면서 마음속으로 다짐한다.

"혹시나 했는데, 내가 다신 만나나 봐라."
"참 좋은 사람이네. 계속 만나봐야겠어."

이렇게 우리는 어떤 대상을 볼 때 평가하는 습관이 있다. 왜냐하면 적은 위험과 높은 만족감을 얻고 싶어하기 때문이다. 나이가 들면 이런 경험이 쌓여 현인이 되거나 꼰대가 된다. 주식도 마찬가지다. 한눈에 봐서 좋아하는 주식이 있는 반면, 공부를 통해 좋아지는 주식이 있다. 어떤 게 좋고, 어떤 게 나은지는 또 다른 문제다. 오래전부터 하나의 자산을 평가하는 데는 두 가지 요소를 중요하게 생각했다. 바로 수익과 리스크(위험)다.

그래서 자신의 소중한 자산을 어디에 투자할지 고민한다면 당연히 이 두 가지를 모두 생각해야 한다. 누구에게는 경험적으로, 또 다른 누구에게는 직관적으로 두 가지 요인에 대한 평가가 빠르게 이뤄진다. 그러나 이것은 서로 상충되기도 한다. 수익이 높으면 위험이 높고, 반대의 경우도 마찬가지다.

만약 수익이 높은데 위험이 낮으면 거기에는 이내 사람들이 몰려들 것이다. 사람들은 주식을 서로 사고팔 것이고, 결국 서로가 적정하다고 생각하는 만큼 가격이 떨어지게 된다. 가격이 '보이지 않는 손'에 의해 결정되는 순간이다.

　수익과 위험에 대해 좀 더 얘기해보자. 먼저 수익은 무엇일까? 투자자가 얻고자 하는 수익을 우리는 보통 '기대 수익'이라고 말한다. 내가 이 정도는 얻을 수 있다고 생각하는 것이다. 즉 대다수의 사람이 평균적으로 얻을 수 있는 수익을 말하는 것이다.

　다음으로 위험은 무엇일까? 불확실한 미래로부터 얻을 수 있는 수익의 변동 가능성이라고 말할 수 있다. 여기서 중요한 말은 바로 '변동성'이다. 우리는 위험을 흔히 손해 보는 것으로만 생각할 수 있다. 그러나 위험은 이런 수익이 위아래로 흔들리는 것을 말한다. 즉 변동성이 낮으면 위험도 낮다고 표현할 수 있는 것이다. 따라서 위험이 낮다고 안전하다는 말은 아니다.

▲ IR 담당자는 항상 변동성에 주목해야 한다.

절대가치 평가방법과 상대가치 평가방법

그렇다면 좋은 투자는 어떤 것일까? 투자의 목적은 수익을 얻는 것이다. 그런데 투자를 하면서 불안감을 느낀다면 좋은 투자가 아닐 것이다. 이런 불안을 줄여주는 게 관리인데, 이것도 피곤한 일이다. 좋은 주식과 나쁜 주식은 어떻게 다를까? 어려운 질문 같아 보이지만, 사실 답은 간단하다. 나에게 수익을 주는 주식이 좋은 주식이다.

그런데 무조건 수익을 준다고 좋은 주식일까? 매우 비싸게 사더라도 그 이후에 주가가 오른다면 수익을 줄 수 있다. 이것은 너무나 주관적이고 위험한 생각이다. 내일모레 망하는 게 불 보듯 뻔한 곳에 투자하는 건 투자가 아니라 투기다. 도박이란 말이다. 따라서 좋은 주식은 내가 걱정을 하지 않아도 수익을 줄 수 있는 주식이다.

이런 기준으로 기업을 평가했다면, 다음엔 가격이 적당한지 판단해야 한다. 여기에는 평가valuation가 필요한데, 크게 두 가지로 분류해서 말한다. 바로 절대가치 평가방법과 상대가치 평가방법이다.

앞서 커피숍에서 만난 두 남녀를 예로 들어 설명해보자. 앞에 있는 상대방(이번엔 남성의 입장에서 이야기를 풀어보겠다)은 정말 누가 봐도 아름다운 여성이다. 이 남성은 앞의 여성을 바라보며 생각한다.

> "아! 이 여자가 바로 내가 마음속으로 그리던 여자구나. 정말 아름답다."

이런 마음이 들면 무슨 말을 해도 예뻐 보인다. 이제 이 남성에게 있어 다른 여성은 결혼 상대방으로서 눈에 들어오지 않을 것이다. 누가 봐도 이 여자가 최고이기 때문이다. 이런 방법을 우리는 절대가치 평가방법이라고 한다. 몇 가지 나름의 잣대를 갖고 평가하는 것이다. 이 잣대는 크게 변하지 않는다. 과거 미스코리아 선발 대회가 대표적인 예라 할 수 있겠다. 다음의 경우는 이 남성이 지난달에 만난 여성과 마음속으로 비교하는 것이다.

> "아! 전에 여자가 훨씬 멋있네. 그래 이 여자야. 내가 누굴 더 만날 수 있겠어."

더 아름다운 여자가 있더라도 본인은 여기가 최선이라고 생각하며, 이 여자를 선택하고자 한다. 주식 시장으로 돌아와보자. 주식 시장에서 얘기하는 절대가치 평가방법과 상대가치 평가방법도 크게 다르지 않다. 기업이 얼마나 성장하고 배당을 줄 수 있는지, 현금을 얼마나 벌 수 있는지 예측해보고 이를 현재의 가치로 산정해본다.

이렇게 계산한 가치와 현재 주가를 비교했을 때, 현재 주가가 싸다면 저평가되어 있다고 생각할 것이다. 사람들은 이렇게 저평가된 기업의 주식을 매매하며, 주가는 점점 적정 가격을 찾아갈 것이다. 우리는 이걸 절대가치 평가방법이라고 부른다. 대표적으로 미래의 현금 흐름을 현재의 가치로 환산해 기업 가치를 평가하는 DCF[9], RIM[10], 미래에 얻게 될 배당을 현재 가치로 환산해 기업 가치를 평가하는 DDM[11] 등을 들 수 있다.

그렇다면 상대가치 평가방법은 어떨까? 예를 들어 빵을 만드는 기업 A사가 있다고 하자. 이 기업의 올해 수익을 추정해보고 이를 주식수로 나눴더니 100원이라는 주당순이익이 계산됐다. 그런데 경쟁사인 B사를 계산해봤더니 주당순이익이 50원이 나왔다. 업계 전체적으로 살펴보니 평균 주당순이익이 30원이었다. 기업들의 순이익이 서로 다르지만, 그렇다고 A사의 주식을 살 수는 없다. 왜냐하면 주가가 지금 매우 비쌀 수 있기 때문이다.

그래서 사람들은 지금의 주가와 기업이 벌어들이는 당기순이익을 주식수로 나눈, 이른바 주당순이익을 비교한다. 이를 우리는 상대가치 평가 방법의 대부代父 격인 PER[12]라고 부른다.

A사의 PER가 5배, B사는 10배, 그리고 제빵산업 전체는 10배라고 말한다면 A사는 B사보다, 그리고 산업의 평균보다도 저평가되어 있는 것이다. 수익 가치를 보는 PER 외에도 자산 가치를 보는 PBR[13], 매출액 가치를 보는 PSR[14] 등 다양한 방법이 있다.

---

9 'Discounted Cash Flow'의 약자다. '현금흐름할인법'이라고도 말한다. 즉 기업의 기대되는 현금 흐름을 적정한 할인율로 할인해서 구한 현재 가치로 기업 가치를 평가하는 방법이다.
10 'Residual Income Model'의 약자다. '잔여수익모델'이라고도 말한다. 이것은 주주의 요구 수익률을 초과하는 초과 이익을 토대로 내재 가치를 평가하는 방법이다.
11 'Dividend Discount Model의 약자다. '주식배당금할인모델'이라고도 말한다. 주식의 가치는 향후 받게 될 모든 배당의 가치의 합과 같다는 전제 속에 주식의 가치를 평가하는 방법이다.
12 자세한 설명은 앞서 나온 '적정 주가 산정을 위한 주요 구성'을 보라.
13 'Price Book Value Ration'의 약자로, '주가순자산비율'이라고 부른다. 기업의 순자산이 1주당 몇 배로 거래되고 있는지를 나타낸다.
14 'Price Sales Ratio'의 약자로, '주가매출액비율'이라고 부른다. 주가를 주당 매출액으로 나눈 것이다.

사실 사람들은 절대가치보다 상대가치를 더 좋아한다. 왜냐하면 평가하기 더 편하기 때문이다. 이것은 다른 사람을 이해시킬 때도 편하다. 대부분의 사람은 어떤 기업의 주가가 싸다고 말할 때, 다른 기업의 주가에 비해 상대적으로 싸다는 점을 들어 신뢰도를 높이려고 한다.

주식 시장에서는 이렇게 큰 두 가지의 잣대로 기업을 평가한다. 그리고 현재의 주가 수준에서 매수할지, 아니면 매도해야 할지 안내해준다. 우리는 기업 가치를 평가하는 게 복잡하고 어렵다고 생각한다. 그러나 이렇게 보면 단순하다.

애널리스트는 우군일까?

너무 의지하지 마라

IR 활동을 하는 데 있어 IR 담당자가 가장 많이 만나는 기관투자자는 애널리스트일 것이다. 그들은 우리에게 어떤 존재인가? 돌이켜보면 난 좋은 시절에 애널리스트를 한 것 같다. 늘 하고 싶은 말을 하며 살았고, 각종 설명회 요청도 편하게 했던 것 같다. 그런데 지금은 시장 상황이 많이 달라졌다. 그들도 어찌 보면 영업맨의 성격이 강해졌다. 밖으로는 기업의 실적 발표와 관련된 각종 설명회NDR도 유치해야 하고, 안으로는 기업설명회에 빈 부스가 생기지 않게 신경 써야 한다.

그러다 보니 서로가 할 말을 다하며 살기 어려워졌다. 물론 그렇게 사는 게 바람직한 것만은 아니다. 참기도 하고, 양보도 하고, 때로는 핏대를 높이기도 해야 한다. 인간은 그런 삶 속에서 성장하기 때문이다.

IR 담당자에게 있어 애널리스트는 매우 중요한 고객이다. 애널리스트와 관계를 잘 맺어 기업의 뜻대로 움직이길 바라기도 한다. 실적이 좋으면 더 좋은 전망을, 나빠도 좋아질 것이란 전망을 보고서에 적기를 바라는 것이다. 그러나 이건 잘못된 생각일 수 있다. 애널리스트가 기업과 동반 성장하면 얼마나 좋겠나? 그러나 서로의 생각이 다를 때도 많다. 애널리스트의 본질은 기업의 가치를 평가하는 일이다.

이들은 보고서라는 형식을 빌려 말하고 있는 것이다. 그들은 기본적으로 기업에 대한 중립적인 마음을 갖고 있다. 기업에 친화적인 비둘기파가 되어서도 안 되고, 기분 안 좋은 일이 있다고 매파로 변할 수도 없는 것이다.[15]

여러 기업의 담당자가 모인 식사 자리에서 "형님. 주가는 제가 책임집니다."라고 말하는 애널리스트를 본 적이 있다. 듣기 좋으라고 한 얘기겠지만, 이런 말에 현혹되면 안 된다. 주가를 책임질 수 있는 사람은 아무도 없다. 이런 점에서 애널리스트는 우리에게 우군友軍일 수도, 적군敵軍일 수도 있다.

---

15 비둘기(dove)와 매(hawk)가 풍기는 이미지를 빗대 표현하는 것이다. 비둘기파는 규제를 완화하는 등 온건한 성향을 가진 사람을 말하며, 매파는 금리를 올리고 긴축을 하는 등 강경하게 대처하는 성향을 가진 사람을 말한다.

애널리스트를 우군으로 만들 수 있는 방법

애널리스트를 우군으로 만들 수 있는 방법은 있다. 그러나 주가를 뻥 튀기해줄 거라고 기대해서는 안 된다. 만약 그들을 우군으로 만들고 싶다면, 그들이 좋아하는 걸 알고 그것을 해주면 된다. 구체적으로는 다음과 같다.

첫째, 자료를 많이 줘야 한다. 물론 이것이 공정공시에 위배되어서는 안 된다. 그리고 정보의 비대칭적인 제공이어서도 안 된다. 객관적이고 공신력 있는 전망 기관의 데이터를 정리해주는 것이 좋다. 애널리스트는 기본적으로 글을 쓰는 사람들이다. 글을 쓰는 사람은 데이터에 대한 욕심이 많다. 그래야 자료가 윤택해지기 때문이다.

둘째, 자료는 애널리스트가 좋아하는 양식으로 줘라. 요즘에는 공시를 통해 잠정 실적을 발표한다. 그리고 기관투자자들과의 컨퍼런스콜을 통해 실적에 대한 브리핑을 한다. 그런데 만약 이때 제공해주는 자료가 명료하지 않다면 어떨까? 서로가 불편해질 것이다.

예를 들어 매출액을 부문별로 나누지 않았다고 하자. 애널리스트들은 분명 이것을 구분해달라고 요구할 것이다. 그리고 당기순이익에 영업외손익이 큰 영향을 미쳤다고 하자. 그러면 그것을 자세하게 설명해달라고 질문할 것이다. 당신은 왜 이것들을 정리하지 않았나? 그건 당신이 귀찮았거나, IR 활동에 미숙하기 때문이다.

셋째, 미래를 명확하게 보여줘야 한다. 미래를 보여주기 위해서는 공정공시를 잘 이용해야 한다. 공시도 하지 않고 미래에 대해 말하는 것은 위험한 일이다. 당장은 이렇지만, 몇 년 후엔 어떤 모습을 가질 것이라고 분명히 말해줘야 한다. 그리고 근거도 제시해야 한다.

넷째, 우리의 정체성을 명확하게 말해야 한다. 모든 기업은 설립의 이유가 있다. 그러나 계속 과거의 설립 형태를 유지할 필요는 없다. 기업은 생물처럼 생존을 위해 변하기 때문이다. 그래서 기업의 정체성을 명확하게 규정할 필요가 있다.

예를 들어 어느 상장 기업이 있는데, 다양한 사업을 영위한다고 하자. 그리고 애널리스트들이 각 사업을 모두 담당하고 있다고 하자. 그렇다면 이 기업의의 정체성은 무엇인가? 너무 불분명하다. 이건 애널리스트에게 혼란을 일으킬 것이고, 기업 가치 제고에도 좋지 않을 것이다.

애널리스트와 좋은 관계를 유지하는 건 기업의 흥망성쇠와는 관련이 없다. 그러나 서로의 목적을 달성할 수 있다면, 즐거운 만남이 될 것이다.

▲ 애널리스트가 원하는 충분한 자료를 제공하라.

글 쓰는 사람에게 비싼 연필은 의미가 없다. 좋은 글을 쓸 수 있도록 많은 자료와 편안한 환경이 필요한 것이다.

애널리스트가 당신의 자리를 노린다

나는 기업에서 IR 담당자를 하다가 애널리스트가 된 사람들을 종종 본다. 이들은 업계에서 알게 된 네트워크를 갖고 있다. 이건 애널리스트로 성장할 수 있는 좋은 밑거름이 된다. 그러나 이들 중 주식 시장에 오래 있지 못하고 떠나는 경우도 많다. 애널리스트 문화에 적응하지 못하거나, 가치를 평가하는 능력에 한계가 왔거나, 개인의 특성 때문이었다. 애널리스트의 세계는 쉽지 않는 세계다. 버티지 못하고 퇴출 당하는 경우도 많다.

지금 내가 하고 싶은 얘기는 반대의 경우다. 애널리스트를 하다가 상장 기업의 IR 담당자로 들어온 경우다. 이들에게는 주식 시장과의 네트워크가 있다. 기업과 산업에 대한 연구를 했으니 시야가 넓다. 그리고 업무의 반이 말로 하는 일이니 설명 능력도 뛰어나다. 그리고 가치를 평가할 수 있는 눈이 있다. 그런데 당신의 경쟁력은 무엇인가? 혹시 이 회사에 오래 다녔다는 것 말고는 없지 않은가? 이 업무를 오래 했다는 것만으로 이들을 이길 수는 없다.

내 주변에는 애널리스트를 하다가 기업의 IR 담당자로 이직한 사람들이 많다. 기업은 왜 이들을 뽑았을까? 당신이 일을 잘 수행했다면 이들을 뽑지 않았을 것이다. 당신의 목표는 무엇인가? 자신의 가치를 높여 CEO가 되는 것인가? 아니면 안정된 월급을 받는 것인가?

중요한 건 그럴 자격을 갖추는 것이다. 내가 프로란 생각을 하지 않으면, 내가 앉은 자리에서 쫓겨날지도 모른다.

3장

연구하는
IR 전문가가
돼라

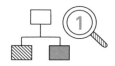

기업 보고서를 읽지 못하는 IR 담당자

해석이 다른 결과를 만들 수도 있다

얼마 전 A사가 분기 실적을 발표했다. 매출액은 전년 동기 대비(y-y) 35% 증가했고, 영업 이익도 크게 늘었다. 실적 발표 후 기분 좋은 주가 움직임을 예상했다. 그런데 같은 상황을 놓고 어느 증권사는 실적이 전분기 대비(q-q) 감소했고, 향후 실적 증가는 두고 봐야 한다고 보고했다.

같은 실적을 두고 해석이 다른 것이다. 사실 이것도 따져 보면 틀린 말은 아니다. 전년 동기 대비인지 전분기 대비인지에 따라 다를 뿐이다. 그래서 이걸 유의하고, 해석을 가급적 유리하게 이끌려는 노력이 필요하다. 그렇지 않으면 불똥은 엉뚱하게도 나에게 튈 수 있다.

기업 보고서, 대충 읽지 말고 감상하라

나태주 시인의 '풀꽃'이라는 시에는 이런 문구가 나온다.

"자세히 보아야 예쁘다."

우리는 소설책을 읽어도, 영화를 봐도 대강 봐서는 그 속에 담긴 의미를 제대로 파악할 수 없다. 자세히 들여다봐야 그 의미를 알고, 작가가 의도한 바를 깨달을 수 있다.

의외로 증권사의 기업 보고서를 읽지 못하는(의미를 모르는) IR 담당자들이 많다. 이들의 특징은 적정 주가가 얼마인지, 매출액, 영업 이익, 순이익 전망치가 내부 자료와 얼마나 차이가 나는지 정도만 살펴본다는 것이다. 매수가 왜 이뤄지는지는 뒷전이다. 그냥 매수만 이뤄지면 된다고 생각한다. 각고의 노력으로 만들어진 기업 보고서가 허접스러운 지식과 나태함 때문에 쓰레기통으로 들어가는 순간이다.

애널리스트가 온갖 노력으로 만든 기업 보고서는 기업의 전망과 흘러가는 모습을 보여주는 화폭의 그림이다. 보고서의 귀퉁이에 있는 숫자라고 그 의미가 적은 것은 아니다. 그래서 본인이 IR 담당자라면 숫자의 의미와 추세를 정확하게 아는 게 필요하다. 올해 예상 수치 말고, 2~3년 후 숫자가 어떻게 변하는지 함께 봐야 한다.

주식 시장에는 하루에도 수십 편의 기업 보고서가 발표된다. 주식 시장과 채권 시장에서 바라보는 시각이 서로 다르기 때문에, 금융 시장의 보고서를 모두 살펴야 한다. 대개 기업 보고서는 현황, 전망, 그리고 평가 등을 정해진 양식으로 발표한다.

그런데 문제는 전문적인 용어가 대부분이라 해석이 필요하다는 것이다. 그래서 나태한 IR 담당자들은 손익 계산서에 대한 추정 숫자나 일부 가치 지표(예를 들어 PER와 같은) 정도에만 관심을 갖는다. 다른 건 잘 모르겠고, 잘 모르는 건 중요한 게 아니라고 생각하기 쉽다. 그러나 하나하나에 의미가 있고 해석이 필요하다. 시간을 내서 지표 하나하나를 꼼꼼히 분석해보면 실력 있는 IR 담당자로 변모한 자신을 발견할 수 있을 것이다.

ROIC[1]를 예로 들어보자. 기업 경영 전략의 거두인 하버드 대학교의 마이클 E. 포터Michael E. Porter 교수는 "가장 중요한 재무적 잣대는 매출이나 이익의 증가율이 아니라 ROIC"라고 말했다. 지금이라도 기업 보고서 후반부의 주요 지표를 살펴봐라. 당신 회사의 ROIC가 몇 %고, 그것의 의미가 무엇인지 당신은 알고 있나? 알고 있다면 여기에서 IR 전략을 뽑아내라. 좀 더 익숙한 예로는 ROI[2]가 있다. ROI는 듀퐁 시스템[3]의 근간이 되는 재무 분석 기법이다. ROI는 매출액 순이익률과 총 자산 회전율에

---

1 ROIC(Return On Investment Capital)는 '투하자본이익률'을 말한다. 기업이 실제 투입한 순영업 자산(자본-부채)으로 얼만큼의 순이익을 냈는가를 보여준다. ROI보다 더 구체화된 버전이라고 생각하면 된다.
2 ROI(Return On Investment)는 '투자자본수익률'을 말한다. 투자자본(총자산)으로 얼만큼의 순이익을 냈는가를 보여준다.
3 자기자본이익률(ROE)을 구성 요소별로 나눠 분석하는 재무 분석 기법이다.

대한 동시적인 분석 지표다.

옛날 개성 상인들의 판매 전략으로 박리다매薄利多賣[4] 전략이 있었다고 한다. 이는 현대적 의미로 해석하면 ROI를 높이기 위해 매출 마진은 적게, 회전 속도는 빠르게 하는 것을 의미한다. ROI를 증가시키기 위해 저마진, 고회전 전략을 세울 것인지 고마진, 저회전 전략을 세울 것인지는 기업의 특성에 따라 결정할 일이다. 이 같은 지표들에 대한 사전적인 지식이 있으면, 우리 회사의 장단점을 파악하고 전략을 수립할 수 있을 것이다.

증권사를 그룹화해 관리하자

좀 디테일한 얘기를 해보자. 사실 IR 담당자에게는 우군이 필요하다. 이건 저절로 생기는 게 아니라, 직접 만들어야 한다. 먼저 우리 회사의 보고서를 발간하는 증권사를 파악하라. 그리고 그들이 어떻게 우군이 될 수 있을지 고민하라. 그들에게 줄 수 있는 것이 무엇인지 명확하게 파악할 필요가 있다. 당연히 특정인에게 주는 정보는 공정공시 위반이다. 따라서 회사가 제공해도 문제되지 않는 서비스를 줘야 한다.

다음의 그림은 2년간 발표된 K사의 기업 보고서의 수를 정리한 것이

---

4 이익을 적게 보면서 많이 판매하는 걸 말한다.

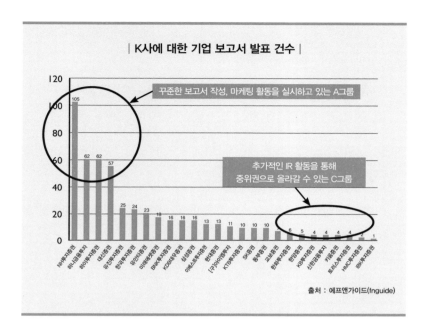

| K사에 대한 기업 보고서 발표 건수 |

꾸준한 보고서 작성, 마케팅 활동을 실시하고 있는 A그룹

추가적인 IR 활동을 통해 중위권으로 올라갈 수 있는 C그룹

출처 : 에프앤가이드(fnguide)

다. 이렇게 쉽게 눈에 보이도록 그룹화할 필요가 있다(A, B, C, D그룹으로 나눈다고 하자). A그룹은 회사에 관심도 많았고, 자료도 많이 썼다. 그리고 평가 역시 매수 의견을 유지하고 있어 잘 관리해야 하는 회사다.

B그룹은 A그룹에 비해 정량적으로 떨어지지만, 잘 관리하면 A그룹으로 옮겨질 수 있는 증권사다. C그룹은 우리 회사에 많은 노력을 기울이지는 않는다. 그렇지만 관리할 필요는 있어 보인다. D그룹은 회사를 다녀 갔지만, 보고서를 한 장도 쓰지 않았다. 왜 보고서가 나오지 않는지 파악하고, 앞으로 어떤 서비스를 제공할지 고민해봐야 한다.

A그룹에게는 CEO, CFO 미팅을 우선 배정하거나 기관투자자를 위한 1 대 1 미팅이나 기업설명회에 우선으로 배정할 수 있다. B그룹은 기업

보고서 발간을 조금 늘릴 필요가 있다. 기관투자자들의 동행 방문이나 공장 탐방과 같은 행사를 배정할 수 있다.

C그룹은 애널리스트의 확신이 필요하다. 주요 부서 담당자와 미팅을 하거나 소통을 증가시켜야 한다. D그룹은 공장 방문에 초청해 자료 작성에 필요한 기초 데이터를 제공하는 게 필요하다. D그룹의 목표는 최초 기업 보고서를 발간하게 하는 것이다.

IR 업무는 상대방에게 예측 가능한 면도 있어야 한다. 이를 위해서 IR 업무의 3S가 필요하다. IR 업무의 3S는 다음과 같다.

- 단순화simplification
- 표준화standardization
- 시스템화systematization

만일 IR 담당자가 C, D그룹에 있는 대상에게 A그룹의 서비스를 제공한다면, 이는 다분히 편파적인 것이다. 물론 특별한 사정이 있을 수도 있다. 그러나 이런 행동이 빈번해진다면 진정한 우군을 놓치기 쉽다. 누가 담당자가 되더라도, 3S 정책하에서 정형화되고 예정된 서비스를 펼쳐야 한다. 그래야 좋은 결과를 얻을 수 있다.

시장의 언어를 잘 이용하자

기업에서 기관투자자를 만날 때는 IR 담당자를 통하는 게 일반적이다. 주식 시장과 소통하는 수준이나 언어가 다르기 때문이다. 언어는 전문 용어일 수도 있지만 현재 주식 시장에 흐르는 이슈, 테마, 그리고 핵심 가치일 수도 있다. IR 담당자는 이런 언어를 잘 파악하고 있어야 한다.

예를 들어보겠다. 어느 글로벌 도료 전문업체의 IR 설명회에 참석한 적이 있다. 그곳은 오랜만에 설명회를 하는 것이었고, 실적이 빠르게 좋아져 관심이 생겼다.

CASE 1

> 담당자: 우리 회사는 주택에 사용되는 건축용 도료의 성장 덕분에 공업용 도료의 매출이 많이 올랐습니다.
>
> 투자자: 공업용 도료의 매출은 왜 증가했나요?
>
> 담당자: 네. 핸드폰의 외형에 사용되는 도료로 나가기 시작했는데 많이 나갑니다.

이 얘기를 듣는 순간 나도 놀랐지만, 참석한 일부 투자자는 이미 핸드폰으로 매수 주문을 보내고 있었다. 핸드폰 산업의 성장성은 이미 도료 산업의 성장성을 크게 능가했다. 그런데 굵직한 핸드폰 생산업체에 도료를 공급하기 시작했다는 것이다. 기업의 향후 성장이 불 보듯 뻔한 일이었다. 실제 그 기업의 주가는 2년간 약 250% 상승했다. 이때 IR 담당자가 기업의 성장 포인트를 시장의 언어로 잘 얘기했다면 어땠을까?

주가도 중요하지만, IR 기능 중 하나는 자금 조달 비용을 낮추는 것이다. 당혹스런 기업설명회였지만, 다행히 주가 상승과 자금 조달에 모두 성공했다. 하지 않는 걸 한다고 말하는 건 사기다. 그러나 하는 것을 잘 얘기하는 것은 기술이다.

하루는 어느 비상장 제조업체 사람들과 미팅을 마친 후 점심 식사를 했다.

CASE 2

담당자: 우리 회사는 주사 바늘을 주로 만드는 회사라 매출이 크게 늘게 없죠. 가격도 크게 변할 게 없어요. 그런데 올해는 매출이 좀 오를 거 같아요. 해외에서 주문이 좀 늘고 있거든요.

투자자: 네. 왜 해외에서 주문이 늘까요? 거기도 비슷한 회사가 있을 텐데요.

담당자: 모르겠어요. 우리 주사 바늘을 갖고 무슨 배터리 만드는 데 쓴다는데….

나는 이 얘기에 숟가락을 떨어뜨릴 뻔했다. 당시 테슬라가 전기차 생산을 확장하고 있었다. 전기차에 들어가는 전기 배터리는 병렬식이다. 각각의 배터리 연결에 이 기업의 제품이 사용될 거라 유추할 수 있었다. 그러나 이곳은 비상장사였다. 만약 상장사였다면 전기차 관련주 중심에 섰을 것이다.

만약 담당자가 이슈를 잘 활용하는 사람이었다면, 기업의 가치는 달라져 있었을 것이다. 나 같았으면, 아마 사장실을 들락거리며 매일 들들 볶았을 거다. 빨리 상장해서 투자를 받자고 말이다. 이렇듯 IR 담당자는 주가가 오르는 것만이 아니라, 유리한 조건과 시기에 자금 조달을 받는 걸 중요하게 생각해야 한다.

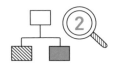

위기를 맞은 IR 활동

진지하게 업무에 임해라

IR 담당자가 주식 시장의 참여자를 만날 땐 좀 더 진지해질 필요가 있다. 왜냐하면 이 미팅에 기업 가치가 달려 있기 때문이다. 어쩌면 내 말 한마디로 100억 원이 날아갈 수도 있다. 물론 반대의 경우도 생긴다. 내 말 한마디로 기업의 가치를 높일 수도 있다. 이런 점에서 기업설명회를 비롯한 IR 미팅은 중요하다.

미팅의 후유증으로 주가가 100원이 빠지면, 기업 가치는 100억 원이 날아갈 수도 있다. 어쩌면 내 말 한마디로 100억 원이 날아간 것일 수도 있다. 나만 아는 엄청난 일을 저지른 것이다. 물론 반대의 경우도 생길 수 있다.

이런 측면에서 기업설명회를 비롯한 IR 미팅은 중요한 의미를 갖는다. 기업설명회 개최와 기업의 타인자본비용은 음(-)의 관련성을 갖는 것으로 나타나, 기업설명회 개최가 기업의 타인자본비용 감소에 일정 영향을 미칠 것이라고 보고한 연구도 있었다.[5]

그리고 기업설명회를 개최한 기업일수록 애널리스트의 이익 예측 정확성이 높아진다고 보고한 연구도 있었다. 반면 기업설명회 개최 빈도가 애널리스트의 이익 예측 정확성에 미치는 영향이 크지 않고, 부정적인 영향을 미친다고 주장한 연구도 있었다.[6]

지금은 IR 담당자의 위기 시대다. 사실 이 위기는 자초한 면이 크다. 원인을 알기 때문에 대처도 가능하다. 그 원인의 발원지는 첫째가 우리의 입이고, 둘째는 우리의 부족한 지식, 셋째는 우리의 태도다.

세상에 비밀은 없다

IR 부서는 기업의 전반적인 내용을 파악하고 있다. 특정 부서의 내용뿐만 아니라 이사회에서 벌어지는 모든 일을 알기 때문이다. 더욱이 시장이 좋아하는 모든 숫자와 경향성을 과거에서 미래까지 파악하고 있다.

---

5 지상현 외, '기업설명회와 타인자본비용의 관련성 연구', 한국전산회계학회, 2018년 12월
6 남혜정 외, '기업의 IR 활동과 재무분석가의 이익예측치 특성', 한국회계정책학회, 2013년 2월

그런데 이 모든 걸 관리하는 부서에 있으면서 비밀을 지킬 수 없다면 어 떨까? 주가는 위태로워질 것이다.

그래서 IR 미팅을 할 때는 사전에 어디까지 얘기할지 내부적으로 조 율해야 한다. 정보가 비대칭적으로 제공되지 않도록 말이다. 그리고 이 럴 수도 있고, 저럴 수도 있다는 식의 말도 해서는 안 된다. 이런 미팅은 상대방을 지루하게 만들 수 있다. 따라서 좀 더 합리적인 수준에서 냉정 하게 대면할 필요가 있다. 내일 발생할 일을 오늘 얘기하지 않았다고 미 안해할 필요는 없다. 당신은 이런 운명을 지닌 부서에 근무하고 있는 것 이다.

한순간의 실수로 자멸한 IR 담당자

IR 부서는 사내에서 리스크가 가장 큰 부서 중 하나다. 잘못된 공시 는 주가에 큰 영향을 준다. 발표되는 보고서 안의 숫자를 보고 또 봐도 과하지 않다. 물론 대외적으로 많은 금융인을 만날 수 있다는 장점도 있 다. 반면 정확한 숫자와 현황 파악이 없다면, 큰 어려움에 직면할 수도 있다. IR 담당자는 말을 분별해야 한다.

예전에 이런 얘기를 들은 적이 있다. 핸드폰 부품을 만드는 기업의 증권사 보고서가 나왔는데, 며칠 후 그 부품을 사용하는 업체의 관계 자들이 왔다고 한다. 그들 손에는 증권사 보고서가 있었다. "이 보고서에 나온 단가, 원가율이 우리에게 말하는 것과 다릅니다. 왜 그런 거죠? 보고서가 잘못되었다면 수정해주시고, 보고서가 맞다면 단가를 인하해 주십시오." 결국 단가를 인하했고, IR 담당자는 퇴사할 수밖에 없었다고 한다.

IR 담당자는 자신이 언급하고 있는 정보의 가치에 대해 생각해봐야 한다. 나는 늘 알고 있는 것이지만, 상대방에게는 절실하게 알고 싶었던 숫자일 수도 있다. 애널리스트, 펀드 매니저와의 미팅은 즐거운 분위기에서 진행된다. 그러나 서로 이해관계가 다르기에 그 긴장감은 실로 대단하다. 방문자들은 내가 알고 있는 정보에 관심이 많다. 하지만 내가 알려줄 수 있는 건 IR 정보뿐이다. 내가 IR 정보 이상을 알려주는 순간, 나는 퇴사해야 할 수도 있다.

이런 위험을 피하기 위해, IR 담당자는 합리적인 수준의 가이드라인을 정해야 한다. 이건 사업 보고서, 이벤트가 발생할 때마다 내부적으로 결정해야 한다. "이번에는 어디까지 얘기할 것인가?" "어떻게 해석해서 말할 것인가?" 고민해야 한다. 정보의 수준이 달라지는 순간 정보의 비대칭성이 발생하게 되고, 이것은 IR 담당자를 끊임없이 고통에 시달리게 만들 것이다.

변화하는 이슈의 흐름을 잘 파악하라

산업이나 제품에 사이클cycle이 있듯 기업도 마찬가지로 그때마다 이슈가 있다. IR 담당자는 이 같은 이슈에 민감해야 한다. 이것을 단초로 삼으면 감춰진 기업 가치를 크게 올릴 수 있기 때문이다. 이건 감춰진 보물을 찾는 노력이라고 할 수 있다. 예를 들어보겠다. 주식 시장에서 최근의 이슈는 ESG 경영이다. 이게 어제오늘 생긴 게 아니기 때문에 왜 최근에 크게 이슈가 됐는지 흐름을 아는 게 중요하다.

이미 몇몇 대형 증권사는 ESG 기업 보고서를 발간하기 시작했다. 자산운용사 역시 ESG 펀드를 속속 만들어 금융 기관을 통해 판매하기 시작했다. 모건스탠리morgan stanley와 블룸버그bloomberg 조사에 따르면 미국 자산운용사 중 89%는 ESG 투자가 더 이상 일시적 유행이 아닌 금융업의 주류라고 응답했다고 한다.[7] 기업의 지속적인 성장을 재무제표 속에서만 평가할수는 없다. 국민연금도 본격적으로 스튜어드십 코드[8]를 도입하면서 사회적 책임을 강조하는 분야에 직·간접적으로 개입하기 시작했다.

주식 시장은 이처럼 큰 흐름으로 돌아간다. 그런데 우리는 올해의 이슈에 대해 무엇을 준비하고 있는가? 그저 매출과 영업 이익만 관리하고 있는가? 내가 몸담고 있는 곳은 우리나라의 대표적인 방산업체다. 그런데 한

---

7 김상호 외, '2020년대 투자전략, EPS에서 ESG로', 신한금융투자, 2019년 12월
8 영어로는 Stewardship code. 기관투자자들의 의결권 행사를 적극적으로 유도하기 위한 자율 지침이다.

국기업지배구조원으로부터 ESG 통합 등급 A를 4년 연속 부여 받았다. 놀라운 일이다. 나는 이 일을 국내외 매니저들을 만날 때 꼭 얘기한다. 우리 회사가 방산업체임에도 불구하고 4년 연속 A등급을 받은 유일한 곳이라고 말이다. 주가가 이런 재료만으로 움직이진 않겠지만, IR에 있어 좋은 재료가 되는 것은 분명하다. 여러분 회사에 감춰진 이슈는 무엇인가?

적당한 거리감이 중요하다

예전에 IR 담당자를 대상으로 한 강의에 나간 적이 있다. 앞선 강의자가 강의안을 놓고 갔는데, 이런 대목이 눈에 띄었다.

> IR 담당자와 애널리스트는 떼려야 뗄 수 없는 한몸이다. 같이 가야 한다.

한마디로 "우리가 남이가?"라는 말이다. 내가 생각하는 것과는 정반대였다. 정말 그럴까? 한참을 생각했다. 그런데 내 생각은 달라지지 않았다. 이 표현은 잘못된 것이 맞다. 왜냐하면 IR 담당자와 애널리스트는 서로 목표가 다르기 때문이다. 보고서 하나로 주가가 오를 때는 둘 다 즐거울 수 있다. 그러나 반대의 경우도 어떨까? 아닐 것이다.

공과 사는 분명히 구별해야 한다. 사적으로는 즐겁게 교제해도, 일에 있어서는 분명할 필요가 있다. 일에 있어서는 팽팽한 긴장감이 필요하다. 나는 아직도 애널리스트 시절 만났던 IR 담당자들과 교류가 많다. 이젠 모두가 CFO 정도로 성장했다. 그러나 그들과 관계가 늘 좋지는 않았다. 팽팽한 긴장감도 있었다. 그래서 많은 사람과 관계가 안 좋아진 것도 사실이다. 이걸 후회하지는 않는다.

지금도 우리 회사를 방문하는 많은 기관투자자와 애널리스트가 있다. 이들은 대부분 한 다리만 건너면 알 수 있는 선후배들이다. 그렇다고 더 많은 정보를 알려줄 수는 없다. 냉정하지만, 시간이 지나서 보니 이게 맞는 것 같다.

내가 주가를 움직일 수 있다는 착각

만약 기관투자자가 방문했고, 다음 날 주가가 올랐다고 하자. 당신은 왠지 어깨에 힘이 들어가고 입이 근질거리기 시작할 것이다. 어제 내가 만난 애널리스트가 내가 준 자료를 썼고 주가가 올랐다. 온몸이 저릴 만큼 힘이 들어갈 수도 있을 것이다.

그러나 이건 IR 담당자가 저지를 수 있는 오류 중 하나다. IR 담당자는 내가 주가를 움직일 수 있을 것이라고 생각한다. 그래서 미팅의 상대방을 바라보며 생각한다. "이 사람에겐 어떤 재료를 줄까?" 그리고 이후 그 사람에게 도움 받기를 원한다.

실제 악재가 터졌을 때 그 애널리스트에게 전화를 한다. 그러나 이는 잘못된 것이다. 그리고 자본 시장의 속성을 이해하지 못한 어리석은 행동이다. 아마 IR의 공정성, 정보의 비대칭성에 대한 문제의식이 부족한 탓일 것이다. 시장은 이렇게 움직이지 않는다. 괜한 생각에 "이거 내가 한 겁니다."라고 말한다면, 경영진은 이후 주가가 하락할 때 당신 탓을 할 가능성이 높다.

기업 가치를 하락시키는 IR 활동

주식 시장에 오래 있다 보면 별일을 다 본다. 2000년대 초반엔 '냉각 캔 사건'이 있었다. 사막에서도 시원한 콜라를 마실 수 있게 하려는 의도였다. 그러나 지금은 만들지 않는다. 그리고 자원 개발 사업이 한창이었을 때는 금도 안 나는 광산에 금가루를 뿌려놓고, 투자자들 앞에서 채취하는 사기극도 있었다.

이렇듯 주식 시장은 세상을 반영한 요지경瑤池鏡[9]이다. 우리나라에는 천 명 남짓 되는 애널리스트가 있다. 이들은 수많은 IR 담당자를 만나고 자료를 분석해 기업의 미래 가치를 평가한다.

그런데 반대편에 있는 IR 담당자들은 애널리스트가 가치 평가를 잘못

---

9 상자 안에 여러 가지 그림을 놓고, 확대경으로 안의 그림을 돌아가면서 보는 장치다. 묘한 세상일을 빗대어 표현하기도 한다.

하면, 많은 리스크에 노출된다. 이 리스크는 주가가 떨어져서 오는 게 아니다. IR 담당자가 무엇을, 어디까지, 어느 시점에 얘기해야 되는지 잘 알지 못해 생기는 것이다.

IR 활동이 기업 가치에 긍정적인 영향을 미치고 있다는 연구 결과는 수없이 많다. IR 활동 시 기업의 유동성과 단기 마진의 개선이 투자자에게 유용한 지표로 나타난다는 연구 결과도 있다.[10] 그리고 코스닥 기업의 국내외 IR 실시는 주가를 한 단계 레벨업시키는 것이라고 말한 연구 결과도 있다.[11] 또한 코스닥 기업에 있어 IR 활동이 투자자들에게 장기적으로 신뢰성과 주가 안정성을 준다는 연구 결과도 있다.

이 같은 연구들을 종합해보면, IR 활동은 기업 가치에 분명한 기여가 있다. 그러나 IR 활동을 활발하게 진행해도 주가가 하락하는 경우가 있다. 이것이 IR 활동을 잘못해서인지, 아니면 기업 가치 하락기에 발생한 것인지 속단할 수는 없다. 분명한 건 IR 활동이 기업 가치를 하락시키기도 한다는 사실이다. 이건 IR 담당자의 잘못일 수도 있다. 이런 점에서 이들에 대한 교육을 확대하는 건 기업 가치를 높이는 것과 같다.

IR 활동이 주는 가장 큰 유익은 정보의 비대칭성 감소다. 정보의 비대칭성 감소는 기업의 신뢰를 높이고, 애널리스트 보고서와 커버리지를 증가시킨다. 또한 유동성을 증가시켜 기업 가치의 증가를 기대할 수 있다.

---

10 김철중 외, '코스닥 상장기업 IR 효과의 변화와 그 효과에 영향을 주는 요인', 한국재무관리학회, 2012년, 139-158p
11 김동순 외, '코스닥 기업의 해외 및 국내 IR 활동이 기업가치 제고에 기여하는가?', 한국국제경영학회, 2017년, 29-58p

IR 활동의 일선에 있는 담당자에게 가장 큰 고민은 주가가 하락할 때 생긴다. 주가가 오를 땐 전화 한 통 오지 않다가 주가가 빠지기 시작하면 전화에 불이 나기 때문이다. 가장 곤혹스러운 전화는 욕설을 해대는 투자자가 아니라, 바로 임원들의 전화다.

"주가가 왜 이런 거죠?"

"그건 알겠는데, 왜 빠질까요?"

"그럼 IR 부서는 왜 있는 거죠?"

"주가를 올리라고 있는 거 아닌가요?"

사실 주가가 빠지는 이유는 경영진이 제일 잘 알고 있다. 왜냐하면 회사를 가장 많이 아는 사람들이기 때문이다. 만약 경영에 전혀 문제가 없다면, 하루이틀 주가가 하락하는 걸 염려할 필요는 없을 것이다. 시간이 지나면 다시 상승할 테니 말이다.

IR 활동의 목표는 기업 가치를 제고시키는 것이다. 이건 향후 있을 자금 조달을 원활하게 하고 조달 비용을 낮출 때 필요하다. 이를 위한 시장과의 소통은 신뢰성, 공정성, 그리고 적시성 등을 바탕으로 진행되어야 한다.[12] IR 담당자가 주가가 하락할 때 넋 놓고 있는 걸 좋아할 경영진은 세상에 없다. 그들이 주가 하락에 대한 원인을 IR 부서의 노력 부족으로

---

12 큐더스 IR연구소(www.csri.co.kr)는 매년 'IR 신뢰 지표(CSRi)'를 산정해 우수 기업을 발표하고 있다. 이곳에서는 IR의 11가지 기본 원칙을 제시한다.

돌릴 위험성은 늘 존재한다.

중요한 건 IR 활동에 임하는 자세다. 이건 그 기업의 주가와도 밀접한 관련이 있다. 그래서 IR 담당자의 IR에 대한 인식은 매우 중요하다. IR과 관련된 강의를 할 때 꼭 빼놓지 않는 사례가 있는데, 다음에 설명할 S사와 C사의 사례다.

IR 활동의 대표적인 실패 사례: S사

S사의 2012년 3분기 영업 이익은 사상 최고치가 예상되고 있었다. 실제 S사의 영업 이익은 전년 동기 대비 70%가 상승했다. 문제는 당시 영업 이익에 대한 시장 컨센서스가 실제 실적보다 71% 높게 형성되어 있었다는 점이다. 컨센서스를 바라보는 투자자들의 눈은 충혈되어 있었고, 시간의 흐름은 사람들을 다급하게 만들었다.

사상 최고치의 실적을 발표했지만, S사의 실제 주가는 발표 후 일주일 사이 38% 폭락했고, 기업 가치는 무려 5,410억 원이 증발했다. 교육적인 측면에서 당시를 복기해보면 한 가지 교훈을 얻을 수 있다.

생각해보자. 시장 컨센서스가 왜 71%나 높았나? 기업 보고서를 작성해 발표하는 애널리스트들이 높였는가? 맞는 얘기다. 그러나 그 빌미를 제공한 것은 IR 활동이라 할 것이다. 시장의 컨센서스는 하루아침에 발표되는 것이 아니다. 새벽 안개가 산등성이를 넘어와 마을을 뒤덮듯 천천히 변화하는 것이지, 지진이 나듯 하루아침에 변화하지 않는다.

내부자인 IR 담당자는 말할 수 없었겠지만, 대략의 실적은 알고 있었을 것이다. 목표 주가가 높은 게 좋다고만 생각했을지도 모른다. 컨센서스가 높으면 IR 활동으로 낮출 필요도 있다. 나는 IR 활동을 잘하면, 어닝서프라이즈나 어닝쇼크가 없을 것이라고 생각한다.

| 사상 최대 실적을 발표한 당시 S사의 주가 동향 |

출처: NAVER 금융

IR 활동의 대표적인 실패 사례: C사

C사의 사례 역시 IR 활동의 인식 부족이 가져온 대표적인 사례다. 그런데 이 사례가 더 뇌리에 남는 이유는 워낙 사회적인 파장이 컸기 때문이다. 그리고 IR의 전반적인 문화를 크게 바꾸기도 했다. 기업과 투자자, IR 부서와 애널리스트는 서로 적당한 거리를 두고 자신의 업무에 최선을 다한다. 따라서 이들은 갑과 을의 위치가 아닌 협력자다.

그러나 C사의 경우는 그러지 못했다. 임박한 실적에 대한 정보가 애널리스트들에게 알려졌고, 이건 바로 주식 시장에 전달됐다. 이런 정보의 비대칭적인 전달로 누구는 돈을 벌고, 누구는 손실을 보게 되었다.

이 일은 이후 기업과 애널리스트들에게 큰 영향을 미쳤다. IR 활동에 있어 공정성을 크게 강화하게 된 것이다. 물론 C사의 사례가 IR 부서와 애널리스트의 관계를 바꿨다는 건 추론에 불과하다. 그렇지만 실제 애널리스트들이 기업에 의존하는 비중은 많이 줄었을 것이다.

만약 A라는 전도유망한 기업이 있다고 하자. 그리고 이들이 실적공시나 공정공시 외에 아무런 IR 활동을 하지 않는다고 가정하자. 그렇다면 애널리스트들은 어떻게 해야 할까? 주식 시장에서는 시가총액 비중이 높고, 분명히 성장하는 기업에 사람들이 몰린다.

이제부터 애널리스트들의 역량이 차별화되기 시작한다. 시장은 냉정하고 신선함을 요구한다. 따라서 듣고 쓰는 비슷한 자료에서 의미를 찾을 수는 없다. 시장을 설득하려면, 더 많은 논리와 분석이 필요하다.

사실 애널리스트가 말하는 적정 주가가 맞는지, 틀리는지는 중요하지 않다. 그가 그 기업을 어떤 관점에서 바라봤는지가 더 중요하다. 왜냐하면 기업 가치에 대한 평가는 애널리스트의 몫이지만, 그것을 선택하는 건 오롯이 투자자의 몫이기 때문이다.

기업을 알아야 IR이 성공한다

IR 활동을 열심히 하는 건 기업 가치를 높이는 데 중요하다. 이때 IR 활동을 열심히 한다는 건, 기업의 숨겨진 가치를 시장에 알리는 것을 포함한다. 만약 애널리스트들이 매일 PER를 들이밀며 "당신 회사의 주가는 이 정도입니다."라고 말한다면, 어떻게 대답하겠는가?

할 말이 없다면 당신은 지금 일을 하지 않고 있는 것이다. 왜 할 말이 없나? 애널리스트가 PER를 근거로 내세운다면, EV/EBITDA[13]로 봐달라고 할 수도 있지 않은가? 아니면 성장성보다는 부채가 없다는 점을 들어 안정성이 높다는 걸 강조할 수도 있을 것이다.

IR 부서는 더 많은 연구를 해야 한다. 기업을 어떻게 부각시킬 수 있는지에 대한 재무적인 연구와 노력이 필요하다. 어제 주가가 빠지고, 오늘 주가가 오르는 게 뭐가 그리 대단한 일인가? 장기적인 측면에서 어디로

---

13 기업의 시장 가치를 세전영업이익으로 나눈 값이다.

가고 있는지, 산업의 흐름에서 우리를 부각시킬 수 있는 요인이 어떤 것이 있는지 고민해보자.

정말 주가가 오르기 어려운 기업을 방문한 적이 있었다. 사실 우울한 미팅이었다. 미팅이 끝날 때까지 안 좋은 얘기가 대부분이었다. 미팅을 마치고 자리에서 일어나는데, IR 담당자가 한 말이 지금도 생각난다. "부장님만 알고 계세요. 우리 회사가 사실은…" IR 담당자가 내게 해준 말은 실로 어마어마한 것이었다. 대규모 계약 성사가 임박했고, 대주주가 이 기회에 회사를 팔려고 한다는 것이었다.

사실 담당자와 나는 친한 사이는 아니었다. 그렇다면 정말 친한 사람에겐 다 얘기하지 않았을까? 이 말을 듣고 내가 할 건 아무것도 없었다. 시간이 흐르고, 그곳을 다시 찾아봤다. 대규모 계약은 성사되지 않았고, 대주주는 회사를 매각했다. 주가는 상상에 맡긴다.

주가 올리기와 기업 가치 제고

주가는 올리는 것이 아니다

사람들은 IR 부서의 일이 주가를 관리하는 것이라고 생각한다. 주가를 관리한다고 생각하니 주가를 올릴 수도 있다고 생각하나 보다. 그래서 주가가 하락할 때면 어김없이 개인투자자들의 항의 전화가 빗발친다. 주가 관리를 제대로 하지 못했다고 따지는 것이다.

IR 부서는 기업과 투자자 사이에 있는 소통 채널이다. 이렇다 보니 IR 부서에 항의 전화가 오는 건 당연한 결과이기도 하다. IR 담당자라면 이런 전화를 항의라고 생각하지 말고, 거친 격려 정도로 받아들일 필요가 있다.

IR 부서는 주식 시장과 끊임없이 소통한다. 그렇다면 소통의 결과가 주가 상승일까? 이것은 IR 부서가 하나의 소통 채널로 사용된다는 의미일 뿐이다. IR 부서가 주가 상승을 이뤄야 한다는 말은 아니다.

공매도 투자[14]를 제외하고 투자자는 모두 주가가 상승하기를 바란다. 그리고 주가뿐만 아니라 기업의 내재 가치도 상승하기를 바란다. 단기적으로 주가는 기업의 내재 가치가 상승한다고 올라가지 않는다. 세계 경제를 비롯한 국내의 특수한 사정에도 영향을 받기 때문이다. 대표적인 것이 외환위기나 금융위기다. 국내외의 비정상적인 충격의 발생은 시장의 체계적인 위험을 증가시켜 기업들의 경영 환경에 큰 영향을 미친다. 그러니 주가의 상승은 여러 가지 요인을 종합해서 볼 필요성이 있다.

주가는 올리는 것이 아니다. 기업의 내재 가치를 반영해 주가의 변동이 나타나는 것이다. 따라서 주가를 올리려는 노력보다는 시장이 기업을 명확하게 바라볼 수 있게 유리창을 닦아 놓는 게 필요하다. 이것이 IR 부서의 주요 업무다. IR 담당자의 역할은 주가의 변동성을 완화시키는 데 있다. 주가가 큰 폭으로 흔들린다는 것은 투자자들이 그만큼 불안할 수 있다는 것이다. IR 부서가 주가가 하락하는 걸 막을 수는 없다. 그러나 변동성을 줄이기 위해 노력은 할 수 있을 것이다.

나는 수많은 투자자를 만났다. 그런데 주가가 상승해서 연락이 온 경

---

14 일반 주식 투자는 주가가 상승해야 수익을 얻는 반면, 공매도 투자는 주가가 하락해야 수익을 얻는다.

우는 거의 없었다. 생각해보면 투자자들은 IR 부서에게 주가가 떨어지는 것에 대한 안타까움을 얘기할 때가 많았다. IR 업무를 잘 이해하지 못하는 투자자들이나 내부 경영진이 가끔 이런 말을 할 때가 있다. "실적이 나빠서 주가가 하락하고, 좋아서 주가가 올라가면 IR 부서가 왜 필요하나요?" 이 말은 IR 활동에 대한 이해가 부족해서 나오는 말이다.

과거 애널리스트를 할 때, IR 담당자들이 주가를 올리려고 노력하는 걸 많이 봤었다. 갑자기 주가가 올라 이유를 물어보면, 이렇게 대답하는 사람도 있었다.

> "아~ 그거 제가 올린 거예요. 어제 제가 설명회를 똑 부러지게 했거든요. 하하하."

이 말은 정말 사실일까? 혹시 공정공시를 위반한 건 아닐까? 주가는 기업 가치를 대변하는 하나의 요소다. 어느 개인이 몇 마디하고, 그것을 들은 사람이 몇 주 사서 주가가 올라갈 수 없다. 그럼에도 불구하고 이렇게 말하는 것은 주가를 올리는 것과 기업 가치를 제고하는 것을 구분하지 못했기 때문이다.

정말 단기간에 주가를 올리고 싶은가? 그렇다면 단기간에 수많은 투자자를 만나 IR 활동을 하라. 아마도 투자자들을 만나면 만날수록 그럴 수 없다는 걸 느낄 것이다. 물론 주가가 올라야 할 때가 있다. 예를 들어 기업이 자금 조달을 준비할 때다. IR의 기본적인 기능 중 하나가 자금 조달을 원활히 하는 것이다. 주가가 높으면 자금 조달이 더 수월해져 그 목표를 달성할 수 있다.

반대로 주가가 떨어져야 할 때도 있다. 만약 내가 자식에게 증여를 해야 할 때 주가가 높다면, 더 많은 비용을 부담해야 할 것이다. 따라서 굳이 적극적인 IR 활동을 해야 할 이유가 없다. 투자자의 입장에서도 이런 경우가 있다. 전환사채[15]나 신주인수권부사채[16]와 같은 주식 관련 채권의 전환권을 보유한 투자자가 대표적이다.

주식전환권을 보유한 사람은 향후 주가가 상승한다는 가정하에 현재 주가가 낮아야 더 많은 주식을 배정받을 수 있다. 따라서 당장의 주가 상승이 달갑지 않을 것이다. 이렇듯 주가의 상승도 여러 면에서 이해관계에 따라 좋을 수도, 나쁠 수도 있다. 그렇다면 우리는 어느 편에 서야 할까? 우리는 기업 가치를 제고시키는 쪽에 서 있어야 한다.

단기적인 주가 변동성에 주목하라

주가는 경향성을 갖고 움직인다. 그 경향성을 나타내는 것 중 대표적인 것이 주가의 이동평균선[17]이다. 주가는 경향성을 가지며, 이것을 거스

---

15 Convertible bond. 사채로 발행되었으나 일정 기간이 지나면 소유자의 청구에 의해 주식으로 전환할 수 있는 사채다.
16 Bond with warrant. 일정 가격의 신주를 인수할 수 있는 권리가 부여된 채권이다.

르는 것은 폭발적인 기업의 변화가 있어야 가능하다. 이 경향성은 기업의 자산 매각이나 합병, 쇼크성 영업 활동의 변화, 외부 주식 시장의 급격한 변화 등이 있을 때도 가능하다. 상승하려는 경향성 또는 하락하려는 경향성은 쉽게 바뀌지 않는다.

기업의 주가가 상향 곡선을 그리고 있는데 분기 잠정 실적 발표가 크게 나빠졌고, 이후에도 당분간 좋아질 기미가 안 보인다고 가정해보자. 꺾인 주가의 흐름은 또 다른 굿 뉴스가 있기 전까지는 기존의 경향성을 갖고 움직일 것이다. 그래서 단기적으로는 주가의 변동성을 어떻게 관리할 것인가가 중요하다. 실적이 나쁘면 나쁜 대로, 좋으면 좋은 대로 그것을 시장과 소통하면서 주가를 관리해야 한다. 경향성을 갖는 주가가 변동성마저 커지면 투자자들은 그만큼 불안해한다.

장기적인 목표는 무엇인가

기업 가치를 제고한다는 것은 사람으로 말하면 건강한 몸매를 만드는 것과 같다. 건강한 몸매를 만든 사람은 실제로 오래 살 수도 있을 것이다. 단기간에 주가가 오르는 것은 단기적인 처방에 불과하다. 이것이 독

---

17 일정 기간 동안의 주가를 평균한 값을 선으로 이은 것이다. 예를 들어 '20일 이동평균'을 계산하려면, 해당일을 포함한 20일의 종가를 합한 후 20으로 나누면 된다. 이렇게 나온 매일의 값을 선으로 이은 것이 '20일 이동평균선'이다.

이 될지, 득이 될지는 아무도 모른다. 더욱이 법의 테두리 안에 있는지도 따져봐야 한다. 그런데 기업 가치를 제고하는 것은 주주를 비롯한 이해관계자의 목적에 모두 부합한다.

앞서 얘기했듯이 기업 가치가 제고된다는 것은 재무제표가 건전해지는 것만 의미하지 않는다. 환경도 생각해야 하고, 사회적으로 얼마나 기여하고 있는지도 고려해야 한다. 지배구조가 불안하다는 것은 그만큼 기업 가치에 누수가 생기는 일일 수 있다. 따라서 기업 가치 제고는 재무제표에 국한되지 않는다. 기업 전체의 노력으로 가능한 것이다.

이제 IR 담당자들은 주가를 올려야 한다는 트라우마에서 벗어나 어떻게 하면 기업 가치를 제고할 것인가를 고민하자. 어떻게 IR 활동을 해야 할지 전략적인 방향성을 생각해볼 필요가 있다. IR 부서는 기업 가치를 제고하기 위해 다양한 기업의 목표와 전략 등을 설정한다. 이를 위해 내부적인 소통과 설득이 필요하다. 예를 들어 다수의 사업 모델을 가진 기업이 한두 개의 모델에서 성과가 나지 않을 수도 있다. 이때 시장은 어떻게 받아들이고 있고, 어떤 방안을 제시하고 있는지를 파악해 경영진에게 보고해야 한다.

그리고 그 모델이 추후에 성과가 날 수 있을지 심도 있게 논의하고 변화시켜야 한다. 그 적자 모델을 매각할 것인가? 아니면 인수합병을 통해 다른 모습으로 전진할 것인가? 만약 시장의 목소리가 반영되지 않는다면, 끊임없는 요구에 시달릴 것이고 주가 역시 기업이 원하는 방향으로 움직이지 못할 것이다.

스토리텔링이 중요하다

IR 활동을 잘했다면 기업의 이미지가 투자자들의 뇌리에 깊게 남았을 것이다. 그렇다면 기업의 좋은 이미지가 어떻게 오래 남을 수 있을까? 좋은 방법 중 하나가 바로 스토리텔링storytelling이다. 스토리텔링은 상대방에게 알리고자 하는 내용을 재밌게 이야기식으로 전달하는 방식이다. 한 기업의 태생과 현황, 그리고 미래를 간단하고 명료하게 스토리화하는 것이다. 거기에는 몇몇 강조점이 있어야 한다. 기업이 변화하거나 변화할 이슈들이 들어갈 수 있을 것이다.

스토리텔링을 할 때 중요한 건, 스토리의 종착점이다. 기업이 변화해서 결국 어떤 모습을 보여줄 것인지 비전을 제시해야 한다. 스토리텔링이라는 도구를 활용하면 무궁무진한 이야기들을 만들어낼 수 있다. 잘 짜여진 논리와 데이터로 이야기를 만든다면, 탄탄한 구성의 소설책을 읽는 것과 같을 것이다.

단순히 이번 분기 실적은 얼마이고, 다음 분기는 어떻게 될 것 같다는 이야기는 지루하다. 이런 근시안적인 이야기가 아니라, 기업에 대한 즐겁고 명쾌한 스토리를 만드는 것이다. 어려운 얘기를 쉽게 풀어 쓰는 것도 재주다. 이건 IR의 기술 중 하나다.

IR 담당자의 역량이 자산이다

IR 부서는 기업의 역량을 끌어올리는 데 중요한 역할을 해야 한다. 그래서 IR 부서의 인력은 전략적 비즈니스 자산으로 관리되어야 한다. IR 담당자는 시장과 대화하는 중요한 자산이다. 시장은 이 인력이 자주 변동되는 걸 좋아하지 않는다. 내가 얘기하는 상대가 자주 바뀐다고 생각해보자. 얼마나 불편하겠는가? 또한 상대가 자주 바뀌면 그때마다 많은 에너지가 소모될 것이다.

IR 담당자가 전략적 자산으로 운영되기 위해선 일정 수준 이상의 역량을 갖춰야 한다. 기업을 분석하는 능력, 재무제표를 해석할 수 있는 능력, 인간 관계를 맺는 능력 등이 대표적이다. 따라서 개인의 역량을 높이기 위해 본인의 노력도 필요하겠지만, 외부에서 펼쳐지는 다양한 교육 프로그램을 통해 이들을 훈련시켜야 한다. 이들의 역량은 기업 가치 제고와 깊은 상관관계가 있다.

IR 활동에서는 관계가 중요하다. 서로 신뢰할 수 있어야 호의적인 결과가 도출되기 때문이다. 이런 관계를 갖기 위해선 공유할 수 있는 게 많아야 한다. 그래서 관계에 필요한 지식과 시장과 소통하는 네트워크가 있어야 한다.

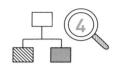

기업의 비전이
IR 활동에서 갖는 의미

준비로 시작되는 IR의 즐거움

여행의 시작은 상상에서 시작된다. 내가 아름다운 발리의 해안을 걷고 싶다고 생각한 때부터 여행은 시작되는 것이다. 그때부터 우린 그날을 위해 준비한다. 그 모든 과정이 즐거움이고 여행이다. 누군가 이런 글을 쓴 걸 본 적이 있다.

금요일 아침에 잠에서 깼더니 갑자기 홍콩에 가고 싶어졌다. 그래서 아침에 비행기 표를 샀고, 오후에 비행기에 몸을 실었다. 아름다운 홍콩의 밤바다를 만끽했고, 아침을 차찬텡[18]에서 해결한 나는 마카오를 잠깐 갔다 왔다. 이렇게 이틀을 보내고 돌아오는 인천공항의 밤하늘은 참 맑고 적막하고 아름다웠다.

이 사람의 여행 기간은 총 3일이다. 즐거운 상상이 시작된 시점부터 보면 3일이다. 그런데 어떤 사람은 여행을 수개월 준비한다. 그에게는 이 순간이 즐겁다. 가서 입을 옷, 맛집 정보, 패션 아이템 구입 등 모든 준비가 여행이다. 그는 여행을 불과 며칠 다녀왔지만, 이미 수개월의 설렘과 즐거움을 누렸다.

당신은 투자자를 만날 때 어떻게 만나는가? 즐거운 마음으로 준비하고 기다리는가? 아니면 무미건조한 만남인가? 내가 여기서 던지는 근본적인 질문은 투자자를 만나 관계를 맺는 이 업무가 즐거운지 묻는 것이다. 성격상 사람과 관계 맺는 일을 즐기지 않는 경우가 있다. 그건 이상한 게 아니라 그 사람의 성격이 그런 것이다.

관리자는 거기에 맞게 직무를 부여해야 한다. IR 업무는 본인의 성격이 외향적이고, 사람 만나는 것을 좋아하고, 본인의 머릿속에 사람을 만나는 지식이 잘 갖춰져 있다면 즐거운 업무가 된다.

자, 이제 투자자를 만나러 갈 시간이다. 그를 만나기 위해 모든 준비를 마쳤다고 생각해보자. 그렇다면 이제 남은 것은 조금의 기다림과 만남의 즐거움이다. 커피를 마시며 유리창 밖에 나를 태우고 날아갈 비행기를

---

18 홍콩에서 가볍게 차와 음식을 즐길 수 있는 간이식당을 말한다.

바라보는 여행자의 마음처럼, 준비한 자에게는 즐거움과 여유가 있을 것이다. 그러나 준비되지 않은 자에게는 조급함과 긴장감만이 기다린다. IR의 시작은 즐겁다. 그러나 그것은 철저한 준비가 주는 여유에서 나온다.

IR 활동에 있어 가장 중요한 것은 무엇일까? 요즘엔 주식 시장이 단기 실적에 민감하게 반응한다. 엄밀하게 말하면 기업의 단기적인 실적이 주가에 반영되면서 끊임없이 조정된다는 것이다. 주가는 어디로 가는 것일까? 그저 오르기만 하는 것일까? 주가는 기업 가치를 반영한다. 그래서 기업 가치를 반영하기 위해 주가는 그곳을 향해 움직인다.

우리는 IR 활동을 전략적으로 시행할 필요가 있다. 예를 들어 보자. 향후 3년 동안 기업의 실적이 안 좋아질 것으로 예상되는 기업이 있다고 하자. 3년은 짧지 않은 기간이다. 실적이 계속 떨어지며 주가도 하락할 수 있다. 그렇다면 국내 기관투자자, 외국인투자자, 개인투자자들이 모두 주식을 팔까?

현실적으로 그렇지 않다. 파는 사람이 있으면, 반대로 사는 사람도 있기 때문이다. 각자 생각이 다르기 때문에, 거래는 발생한다. 그러니 앞으로 실적이 안 좋을 게 뻔해 보여도, IR 담당자는 계속 활동해야 한다. 그곳에 투자자가 존재하기 때문이다.

기업의 비전을 좇아가는 주가

주가는 기업의 비전을 좇아간다. 그 기업의 비전은 미래이고, 향후 기업의 가치가 될 수 있다. 지금 좋고 나쁜 것이 중요한 게 아니다. 대표적으로 기업의 인수합병을 들 수 있다. 내가 애널리스트를 할 때 담당했던 기업 중 '다음(지금의 카카오)'이라는 기업이 있었다

다음은 우리나라 최고의 포털업체였다. 나는 다음의 기업 문화를 좋아했다. 경직되어 있지 않고, 구성원 간의 호칭이나 분위기가 너무 좋아 다니고 싶은 기업 중의 하나였다. 그러나 늘 업계 1위인 네이버의 그늘에 가려졌다.

지금 다음은 다양한 인수합병으로 거대한 기업이 되었다. 그리고 탄탄한 플랫폼 서비스를 제공하는 업계 최고의 기업으로 변신에 성공했다. 투자자들은 1위 기업에만 투자할까? 절대 그렇지 않다. 그 기업의 비전만큼 투자하는 것이다. 그래서 주가는 미래를 먹고 사는 생물이라고 말하는 것이다. 다음과 인수합병한 카카오는 향후 다양한 분야로 뻗어 나갈 것이다. 그리고 시장에 비전을 제시할수록 주가도 크게 움직일 것이다.

▲ 인수합병을 통해 변신에 성공한 '다음'

비전에 자신감을 가져라

　앞서 얘기했듯 IR 담당자는 수년간 실적 악화가 뻔히 보이더라도 두려워할 필요가 없다. 주가가 하락하면, 투자자로부터 싫은 소리를 듣는 게 일상이 아닌가? 기업의 비전을 챙기고, 그것이 없다면 당장이라도 만들어 시장의 평가를 받아라. 그것은 미래의 주가가 될 것이다. IR 담당자의 목표는 주가를 올리는 게 아니라, 기업의 가치를 제고시키는 것이다. 기업의 비전을 확립하고, 이를 토대로 투자자들을 설득하라.

　그러나 비전은 현실적이어야 한다. 뒷받침할 만한 계획과 투자가 필요하다. 투자 없이 말만 한다면 그건 비전이 아니다. 거짓에 가까운 것이다. 물론 브랜드 가치라는 것도 있다. 유무형의 모든 가치는 기업의 주가에 녹아 있다. 따라서 우리는 보이는 것에 대한 설명뿐만 아니라 무형 자산에 대한 가치를 설명하는 노력도 게을리하지 말아야 한다. 과거에는 주가가 모든 걸 대변했다. 그러나 지금은 많이 달라졌다.

IR 활동의 메가톤급 무기

　IR 활동에 있어 가장 큰 무기는 무엇일까? 나는 여기에 두 가지 답이 있다고 생각한다. 하나는 CEO이고, 다른 하나는 기업의 비전이다. IR 활동에 CEO가 참여하면 파급력은 막강해진다. 기업의 현재와 미래를 가장 역동적으로 설명할 수 있기 때문이다. 글로벌 IR 활동을 할 때, 경영진은 약 45일 동안 IR 활동에 매진한다. 이 중 CEO는 10일, CFO는 11일을 참여하고 있다.

당신의 기업은 경영진이 며칠이나 참여하고 있는가? 만일 하루도 참여하지 않는다면, 분명 이유가 있을 것이다. IR 담당자는 이들을 잘 설득해서 활동에 참여시켜야 한다. 경영진이 IR 활동에 참여하지 않는데, 주가에 대해 논할 수는 없을 것이다. 외부에서 보는 사람은 더욱 이해하기 어렵다.

CEO의 IR 활동 계획을 몇 년 단위로 세워라. 간단한 분기 실적에 대한 발표는 CFO나 IR 부서에서 담당하면 좋을 것이다. 연간 가이던스를 발표하거나, 기업의 중대한 미래를 결정하는 일은 CEO가 직접 투자자들에게 설명하는 것이 필요하다.

세계의 유명 CEO들은 기업에 중요한 일이 발생할 때마다 직접 투자자들 앞에서 설명했다. 이것은 투자자들에게 신뢰감과 확신을 줄 수 있을 뿐만 아니라, 주식 시장과 직접 소통한다는 측면에서 주가의 변동성을 축소시킬 수 있었다. 그리고 이들의 활동은 향후 유리한 자금 조달과 우수 인력에 대한 채용을 가능하게 했다.

다음으로 기업의 비전을 제시하는 것이다. 주식은 꿈을 먹고 산다. 그래서 말도 안 되는 제품을 개발한다고 해도, 시장은 반응할 것이다. 기업의 비전은 지금의 상황이 발전된 모습일 수도 있고, 인수합병 등을 통해 새로운 영역으로 진출하는 것일 수도 있다. 미래의 비전을 현실화하려면

▲ 테슬라(TESLA)의 CEO 일론 머스크(Elon Musk)는
직접 투자자들 앞에 서는 것으로 유명하다.

그만한 투자가 필요할 것이다. 투자 비용이 발생해 실적이 하락할 수도 있다. 그러나 이것은 미래에 대한 투자다. 점프를 하기 위해 몸을 움츠리는 개구리의 모습과 같다.

비전은 현실성을 내포하고 있어야 한다. 투자자에게 설득력이 있어야 한다는 것이다. 이것이 시장에서 인정되지 않으면, 비전이 아니라 사기로 전락할 수 있다. 새로운 영역으로의 진출도 마찬가지다. 시장이 무엇을 염려하고 있는지 잘 파악하고, 그것을 어떻게 설득할 수 있을지 고민해야 한다. 이것을 설득할 수 없을 때 기업이 추진하는 자금 조달과 인력 조달 등은 실패할 가능성이 높아진다.

IR 활동은 첨병尖兵의 역할을 한다. 첨병은 행군의 맨 앞에서 경계하는 임무를 맡는다. 이처럼 IR 활동도 미리 시장의 요구를 잘 파악해야 한다. 그리고 이것을 경영진에게 전달하고, 기업설명회를 통해 투자자들에게 확신을 줘야 한다.

IR 부서에서 비전을 만들지 않는다고 생각할 수도 있다. 그러나 그렇지 않다. IR 부서는 비전을 만들 수 있다. IR 부서는 시장의 요구를 받아들여 기업 내부에 전달해 경쟁력을 제고할 수 있는 방향으로 비전을 만들 수 있다.

비전 제시에 대한 IR의 역할

IR 담당자는 기업이 주식 시장에서 어떤 평가를 받고 있는지 파악해야 한다. 그리고 향후 실적이 어떨지, 평균 목표 주가가 얼마인지 설명할 수 있어야 한다. 가장 중요한 건 이런 추정의 '근거'다. 따라서 증권사의 기업 보고서를 꼼꼼히 검토해야 한다. 만약 잘못된 게 있다면 미팅을 통해 바로잡아야 한다. 근거 자료는 내부 자료를 제시해서는 안 된다. 객관적으로 제시할 수 있는 자료, 공표된 자료를 중심으로 제시해야 한다. 이걸 중심으로 미팅을 진행하는 것이다.

잘못된 자료를 바로잡기 위해 내부 자료를 공개하면 안 된다. 이건 오히려 정보의 비대칭성을 초래할 수 있다. 또 다른 역할은 기업 보고서가 많이 나올 수 있도록 하는 것이다. 모든 상장사들은 주식 시장에서 좋은 평가를 받는 것을 희망한다. 이것은 기업 가치, 즉 주가의 흐름과 관련이 있기 때문이다. 그래서 상장된 지 몇 년이 지났는데 보고서가 나오지 않았다면, 기업이 위험한 상황에 놓였다고 생각하면 된다.

최근 IR협의회가 한국거래소, 한국증권금융, 한국예탁결제원으로부터 출연을 받아 기업리서치센터를 발족했다. 이것은 상장 및 비상장 중소 기업에 대한 양질의 리서치 정보를 제공하기 위함이다. 이런 것을 활용하면 좋을 것 같다.

▲ IR협의회 홈페이지 상단에서 '기업리서치센터'를 클릭하면
리서치 정보를 확인할 수 있다.

4장

변화하는 세상,
IR을 어떻게
할 것인가?

목적을 명확히 하고
내부 자원을 활용하라

목적을 명확하게 하라

거의 모든 기업에는 부서 단위의 조직이 있고, 각각의 역할이 있다. 대표적인 조직이 영업, 관리, 기획, 전략 등의 부서다. 예를 들어 경영 관리 부서는 기업의 조직을 체계적으로 운영하기 위해 계획, 조직, 지휘, 조정, 통제 등의 임무를 수행한다. 이것은 기업의 목표를 효율적으로 달성하기 위한 하나의 방편이다. 각각의 임무에는 목적이 있고, 이를 수행하기 위한 전략이 수립된다.

IR 활동은 기업 가치 제고라는 대전제에서도 기업의 목표나 상황에 따른 목적이 다양하게 수립된다. 늘 같은 일을 하는 것처럼 보일 수도 있다.

그러나 이벤트가 있을 때마다 그 목표와 전략을 바꿔 상황에 대처한다. 이때 IR 활동을 왜 하는가에 대한 명확한 답이 있어야 한다.

기업마다 IR 활동의 목적이 다르다. "외국인투자자 지분율을 10% 이상으로 높이겠다." "연기금 등 중장기투자자 보유 비중을 확대하겠다." "증자를 감안해 유동성을 관리하겠다." "주가를 올리고 싶다." 등이 그 예가 될 수 있을 것이다. 만약 외국인투자자 지분율을 10% 이상으로 높이는 목적이 수립된다고 하자. 이때 전체 지분율을 목표로 할 것인지, 아니면 2% 지분 이상을 가진 외국인 5명으로 할지 세분화할 것이다. 이를 위해 어떤 전략을 수립할 것인가?

또 다른 예로 올해 IR 활동의 목적을 '주가 올리기'라고 하자. 그렇다면 거기에 맞는 도구가 있어야 할 것이다. 주가를 마음대로 올릴 수는 없다. 주가가 저평가되어 있다는 논리부터 만들어야 할 것이다. 먼저 절대적으로 저평가된 것인지, 상대적으로 저평가되어 있는지 파악하자.

대주주는 주가가 올라가는 것만 좋아하지 않는다. 주식 증여 같은 계획이 그 대표적인 예다. 그리고 투자자와의 신뢰를 회복하는 것을 목적으로 할 수도 있다. 만약 어떤 이유로 기업이 신뢰를 잃었다면, 이를 회복하기 위한 노력은 당연한 것이다.

이런 목적을 갖고 있다면 IR 부서에서는 어떤 재료를 갖고 투자자를 설득할 것인가? 단순히 앞으로 잘하겠다고 말할 것인가? 이 정도로는 투자자를 설득할 수 없다. 어떤 계획이 있는지, 그리고 그것을 위해 어떤 노력과 준비를 했는지 흔적을 보여줘야 한다. 예를 들어 새롭게 감사인을 지정받아 재무적 건전성을 확인할 수도 있을 것이다. 그리고 개선 계획서를 거래소나 금융감독기관에 제출해 윤리경영을 위한 인증을 받을 수도 있을 것이다. 이를 투자자에게 적극적으로 알리고 신뢰를 얻어야 한다.

이렇듯 모든 일에는 목적이 있고, 이유가 있다. IR 활동의 목적은 명확해야 한다. 그리고 이걸 투자자에게 잘 설명할 수 있어야 한다. 그랬을 때 상호 이해와 해답을 찾는 데 많은 시간이 절약될 것이다. 목적을 명확히 할 때 계획 역시 구체적으로 수립할 수 있고, 평가도 제대로 할 수 있다.

미팅은 현재 상황을 설명하는 미팅과 목적이 있는 미팅으로 구분된다. 미팅에 목적이 있을 경우, 실적이 어땠는지는 중요하지 않다. 따라서 IR 활동에 필요한 자료도 목적에 맞게 내용이 달라져야 한다.

▲ IR 활동에는 명확한 목적이 있어야 한다.

내부 자원을 활용하라

　주제가 마땅치 않고, 실적도 좋지 않다고 IR 활동을 할 수 없는 건 아니다. 내부 자원을 활용하면 가능하다. IR 활동에 있어 중요한 요소 중 하나가 바로 '도구'다. 대표적으로 IR 자료를 들 수 있다. IR 자료를 잘 만들어 놓으면, 한 해 동안 유용하게 사용할 수 있다. 여기에는 기업의 과거, 현재, 그리고 미래가 담겨 있다. 영업의 기반이 되는 제품 소개부터 재무 정보, 지분 구조 등이 이 자료에 포함된다.

　다음으로는 기업이 생산하는 대표 상품이다. 만약 자동차를 만드는 업체라면, 직접 시승을 하게 할 수도 있다. 그리고 핸드폰, 화장품 등의 제품을 생산하는 업체는 투자자들이 제품을 직접 사용해보게 하는 것도 좋은 방법이다.

　내가 근무하는 곳에서는 헬리콥터와 훈련기, 전투기 등을 생산한다. 일반인들이 접근하기 어려운 상품이다. 그러나 반대로 생각해보자. 만약 투자자들을 대상으로 직접 체험할 수 있게 해준다면 어떨까? 어쩌면 그들에겐 평생 한두 번 할 경험일지도 모른다. 그만큼 기억에 오래 남을 것이다. 기업은 저마다 특성을 갖고 있다. 이걸 최대한 활용하자. 그러면 IR 효과를 극대화할 수 있을 것이다.

　돈을 많이 쓴다고 IR 활동이 효율적인 게 아니다. 저렴한 음식을 먹어도 진지한 토론회가 진행될 수도 있고, 호화로운 음식을 먹어도 잡담만 하다가 헤어질 수도 있다. 그래서 IR 활동과 비용은 별로 상관관계가 없다. 돈을 많이 쓰는 IR 활동은 눈을 즐겁게 할 뿐이다. 자장면을 먹으면서도 진지한 토론회가 진행될 수 있는 반면, 호화스러운 뷔페를 먹으면서도 쓸데없는 세상 얘기만 하다가 헤어질 수 있다는 것이다.

따라서 비용이 부족하다고 한탄하지 말자. 등잔 밑이 어둡다고, 내가 미처 발견하지 못한 내부 자원이 있을지도 모른다. 일단 그곳으로 눈길을 돌려보자.

IR 업무의 경쟁력,
공시에서 시작된다

IR 활동은 공시 업무로 시작된다

　IR 활동의 기본은 투자자와의 소통이다. 그리고 그 첫걸음은 공시¹다. 공시는 사업 내용이나 재무 상황, 영업 실적 등 기업의 내용을 투자자 등 이해관계자에게 알리는 제도다. 기업의 공식적인 채널이고, 가장 대표성을 가지는 수단이다. 공시는 거래소에 하는 것과 금융감독원에 하는 것으로 나눌 수 있다.

　공시를 위해 거래소와의 소통은 매우 중요하다. 왜냐하면 이것도 사

Ⅰ 공시(公示)는 기업의 사업 내용이나 실적 등을 투자자와 같은 이해관계자에게 알리는 제도다.

람이 하는 일이기 때문이다. 물론 거래소가 잘못을 보고도 슬쩍 넘어가는 일은 없다. 그러나 오류의 가능성을 최소화하기 위해 많은 애를 써주는 것도 사실이다. 어쩔 때는 서운할 때도 많을 것이다. 불성실 공시 법인으로 지정되거나 벌점, 과징금이 부과되면 나의 고과에도 영향을 받기 때문이다.

그러나 거래소는 기업을 벌하기 위해 있는 건 아니다. 공시에 대한 지식이 부족하면, 거래소에서 직접 도움을 받을 수 있고 상장사협회 또는 코스닥협회에서 도움을 받을 수도 있다.

공시에 중요한 네 가지 요소

공시는 네 가지 중요한 요건이 있는데, 다음과 같다.

- 신속성
- 정확성
- 공정성
- 내용 파악의 용이성

정부는 법률과 규정을 통해 공시 요건을 강화한다. 그 이유는 정보의 평등한 분배와 투자자의 합리적인 투자 판단을 위해서다. 이것은 시장의 효율성을 높이는 데 가장 필요한 핵심 요소다. 그러나 아직도 공시에 대해 부정적인 견해를 갖고 있는 임직원들이 있다. 영업 비밀이 노출될 수 있다는 것이다. 그래서 소극적으로 공시 업무를 진행하기도 한다.

그러나 반대로 생각해보자. 만약 기업 가치를 획기적으로 높일 수 있는 일이 발생했다고 하자. 어떻게 할 것인가? 이 일을 해외에도 알리려고 하면, 공시 비용이 많이 들 것이다. 이 비용을 아까워하지 말자. 효율적인 홍보 수단이 될 것이다. 기업에서 공시를 하면, 투자자 입장에서도 정부가 제공하는 플랫폼을 통해 발표되는 내용이니 믿을 수 있을 것이다. 공시가 허위인 경우에는 법적으로 처벌을 내리기 때문에, 기업의 공시가 허위일 가능성은 크지 않다.

IR 담당자는 공시의 내용을 정확하게 숙지하고 있어야 한다. 그리고 항상 '공시의 위험'에 대비하고 있어야 한다. 공시도 사람이 하는 것이기 때문에, 어떤 위험이 도사리고 있을지 모른다. 이 위험을 줄이기 위해 끊임없는 교육과 소통이 필요하다.

공정공시 제도를 마음껏 활용하라

공시는 금융 시장에서 정보의 불균형을 해소하고, 투자자에게 유용한 정보를 제공해 합리적인 투자 판단을 할 수 있게 해준다. 자본시장법상 유통공시의 한 분야인 공정공시는 정보의 선별적 제공 금지를 주요 골자로 한다. IR 담당자는 처음엔 이 제도가 불편할 수도 있다. 제도를 대략적으로 이해했지만, 제대로 처신하고 있는 것인지 분별하지 못할 수도 있다. 그리고 제도 자체를 이해하지 못할 수도 있다.

예를 들어 과거 어느 기업 IR 담당자가 실적공시 바로 전에 정보를 특정 애널리스트, 펀드 매니저에게 제공했다가 난리가 난 적이 있었다. 금융 당국은 이들이 이득을 봤다고 판단했고, 검찰에 수사를 의뢰해 결국 기소됐다. 이처럼 공정공시 제도는 IR 담당자에게는 낯설게 느껴질 수 있다. 그래서 시장과 소통할 때 한편으로는 불안한 마음을 버릴 수가 없는 것이다. 이 제도의 의미를 잘 이해하고 테두리 안에 머무는 것이 필요하다.

공정공시는 IR 담당자를 자유롭게 한다

앞서 주식 시장을 비롯한 금융 시장의 인재들이 IR 담당자의 자리를 빼앗고 있다고 말한 바 있다. 불행한 일이지만, 나 역시 그런 사람 중 하나임을 부인할 수 없다. 당신은 기업에서 착실히 IR 업무를 수행하며 사내에서 입지를 넓혀 왔을지도 모른다.

그러나 주식 시장의 인력들이 넘어올 때 무엇으로 대항할 수 있겠나? 나는 예전부터 IR 담당자가 전문 지식을 갖춰야 한다고 주장했다. M&A, 기업 금융 등에 대해 전략적인 지식을 보유하고 있어야 한다. IR 업무를 하는 당신은 기업의 전략적 자산이 되어야 하기 때문이다.

주식 시장에서 넘어와 IR 업무를 하는 사람들은 크게 두 부류로 나눌 수 있다. 하나는 기업 금융에서 온 사람들이고, 또 다른 하나는 기업 분석을 하던 사람들이다. 이들의 공통점은 전문 지식을 갖고 있다는 점이다. 한편 모두가 공시 업무를 잘 모른다는 공통점도 갖고 있다. 그렇기에 당신이 공시만 잘 알고 있더라도 자리를 빼앗길 일은 없을 것이다.

공시는 자본주의 사회에서 기업이 성장하는 데 있어 꼭 필요한 업무로 자리잡고 있다. 그래서 정기적으로 교육을 받아야 하고, 기업에서 한두 명은 꼭 배치되어 있어야 할 업무다. 이것은 투자자를 보호하고, 정보에 대한 공정성을 유지하기 위한 최소한의 조치다.

공시의 종류

일반적으로 공시는 다음과 같이 나뉜다.

- 정기공시
- 수시공시
- 공정공시

정기공시는 설명할 것 없이, 정기적으로 나오는 공시라고 생각하면 된다. 수시공시는 수시로 나오는 공시로, 그만큼 종류가 많다. 이 중에서도 공정공시에 대해서 좀 더 얘기하고 싶다.

왜냐하면 공시 업무를 하다 보면 정기공시나 수시공시는 도식적으로 알 수 있고 준비할 수 있지만, 공정공시는 여전히 불분명하게 아는 사람이 많기 때문이다. 사람들을 만나면 이럴 때 얘기해도 되는지 판단이 안 설 때도 있다. 이 때문에 사람을 만나는 걸 꺼려하기도 한다.

공정공시는 기업의 중요한 정보를 특정인에게만 선별적으로 알리는 것을 금지하는 제도다. 이 정보는 증권 시장을 통해서만 알릴 수 있다. 금융감독원이나 한국거래소의 공시 제도를 통해 정보의 비대칭성이 발생하지 않도록 하는 것이다. 이 제도는 2000년 미국에서 처음 시행됐다. 우리나라에서도 2002년에 도입했으며, 현재 선진적으로 운영되고 있다.

IR 담당자는 이해관계자를 자주 만난다. 이때 이들은 우리의 입을 주목한다. 왜냐하면 우리가 하는 말에서 돈이 나오기 때문이다. "다음 달 실적 발표는 아마 엉망일 거예요." "역대 최고 실적이 나올 겁니다." 이 한 마디는 내용을 알고 있는 담당자에겐 별 게 아닐 수 있다. 하지만 여기에 투자하고 있는 이해관계자들에게는 중요한 의사결정 요인이 된다.

이 같은 정보가 비대칭적으로 투자자에게 주어진다면, 그건 바로 중대한 공정공시의 위반이라고 할 수 있다. IR 활동은 공정공시 범주 안에서 해야 한다. 만약 좀 더 다양한 얘기를 해주고 싶다면, 그런 기사나 산업 데이터 등을 확보하라. 그리고 이를 토대로 얘기하라. 이런 자료들은 내부 자료가 아니라, 기업을 둘러싼 산업에 대한 자료들이다. 따라서 공정공시를 위반하지 않아도, 다양한 얘기를 해줄 수 있을 것이다.

주요 사례를 통해 본 공정공시의 의미

아래의 내용은 2017년 한국거래소에서 발간한 『유가증권 공정공시 가이드라인』을 인용했음을 밝힌다. 그리고 IR 관련 국내 최고의 블로그인 '강철군화' 운영자님의 도움을 받아 작성했음을 미리 밝히겠다. 한국거래소에서는 '공정공시'를 다음과 같이 정의하고 있다.

> 증권 시장을 통해 공시되지 않은 기업의 중요 정보를 상장법인 또는 그 대리인 등이 전문투자자 등 특정인에게 선별적으로 제공하는 경우 모든 시장 참가자가 동日 정보를 알 수 있도록 그 특정인에게 제공하기 전에 증권 시장을 통해 공시하도록 하는 제도[2]

공정공시 대상이 되는 정보는 크게 네 가지 범주로 나눌 수 있다. 각각의 주요 내용과 사례를 소개하고자 한다.

① 장래 사업계획과 경영계획

기업 전체의 영업 활동 및 실적에 중대한 영향을 미치는 8개 사항[3]과 관련한 향후 3년 이내의 계획을 말한다. 중요하지 않은 사항의 공시는 오히려 투자자들에게 혼란을 줄 수 있다. 그래서 기업의 정확한 판단이 필

요하다. 장래 사업계획이나 경영계획에 대한 공정공시는 목적, 세부 내용, 일정, 투자 금액, 향후 효과 등의 내용을 구체적으로 기재할 필요가 있다. 여기서는 주요 사례를 소개하겠다.

Q1

연초에 당해 사업연도의 사업계획이나 경영계획을 보도 자료, 홈페이지, 신년 모임 등에서 발표하는 경우 공정공시 의무가 발생하는가?

사업계획이나 경영계획에 공정공시 대상 정보가 포함되어 있고, 동 정보를 받는 자가 제한되어 있는 상태에서 공시 규정에서 정하는 공정공시 정보 제공 대상자가 포함되어 있으면 공정공시 적용 대상이 된다. 보도 자료나 기자 간담회를 통해 발표하는 경우, 자사 홈페이지에 게시하는 경우에는 공정공시가 적용된다.

특히 상장 법인의 홈페이지에 공정공시 대상 정보를 게시하는 것은 공정공시 의무의 회피 수단으로 홈페이지를 이용할 수 있어 궁극적으로 공정공시 제도의 취지가 크게 훼손될 수 있다. 공정공시 대상 정보를 상장 법인이 자사의 홈페이지 등에 게시하는 경우에도 사전에 이를 거래소에 신고해야 한다.

-----

3 신규 사업의 추진, 신시장의 개척, 주력 업종의 변경, 기업 조직의 변경, 신제품의 생산, 국내외 법인과의 전략적 제휴, 신기술의 개발, 기존 사업의 변경(중단, 폐업, 매각 등)을 말한다.

내부 직원만 참석하는 신년 모임에서 발표하는 경우 직원들은 공정공시 정보 제공 대상자가 아니기 때문에 공정공시 의무가 발생하지 않는다. 그러나 참석 대상자에 애널리스트, 기관투자자, 언론 종사자 등 공정공시 정보 제공 대상자가 포함되어 있는 경우에는 공정공시가 적용된다.

내부 직원이 증권의 거래 의사를 갖고 있는 경우에는 공정공시 정보 제공 대상자에 해당한다. 신년회 등을 통해 기업의 사업 계획 등을 발표하는 경우에는 공정공시를 하는 것이 바람직하다.

Q2

> 상장 법인이 자발적으로 언론에 보도 자료 등을 제공할 경우 모든 정보를 신고해야 하는가?

보도 자료 등의 내용에 공정공시 대상 정보가 포함되어 있는 경우에는 공정공시가 적용된다. 상장 법인이 자발적으로 보도 자료를 배포하는 행위는 기업이 적극적으로 정보를 제공하는 행위이므로, 보도 목적 등 취재에 수동적으로 응해 정보를 제공하는 것과는 구분된다.

Q 3

> 장래 실적에 대한 목표를 IR 또는 보도 자료 등을 통해 발표하려는 경우 공정공시 의무가 발생하는가?

기업의 내부 목표치를 IR이나 보도 자료 배포 등을 통해 대외적으로 발표한다면, 그 목표는 단순히 기업 내부의 목표가 아니라 장래 실적에 대한 전망으로 간주될 여지가 있다. 따라서 공정공시 의무가 발생하는 것으로 봄이 타당하다.

② 영업 실적 등에 대한 전망과 예측

다음으로 향후 3년 이내의 매출액, 영업 손익, 법인세 비용 차감 전 계속사업손익 또는 당시순손익 등 영업 실적에 대한 전망 또는 예측이다.

Q 4

> 영업 실적에 대한 전망·예측 공시를 한 경우 전망·예측 실적과 실제 달성 실적 간에 오차가 있다면 기존 공시를 정정공시해야 하는가?

매 분기마다 정기 보고서 제출 시점에 전망·예측치와 실제치의 오차 발생 가능성을 점검해 반드시 정정공시해야 한다.

③ 정기 보고서 제출 이전에 당해 정기 보고서와 관련된 잠정 영업 실적

공정공시 대상 정보를 제공하는 시점에서 제출이 이뤄지지 않은 사업 보고서 등의 당해 사업연도, 반기 및 분기 매출액, 영업 손익, 법인세차감 전 계속사업손익, 당기순손익 등의 영업 실적을 말하며, 월별 실적을 발표하는 경우에는 월별 실적도 공정공시 대상 정보에 해당된다.

Q5

사업 보고서 등 정기 보고서 제출 후 애널리스트 등이 이와 관련해 추가 자료를 요구함에 따라 정기 보고서에 기재된 사항 이외의 정보를 이들에게 제공하는 경우에 공정공시 의무가 있는가?

정기 보고서에 포함되지 않은 정보를 애널리스트에게 선별 제공하는 경우에는 동 정보가 공정공시 대상 정보면 공정공시 의무가 발생한다.

Q6

기업 내부의 직원들을 대상으로 하는 직원 조회 또는 사보 등을 통해 공정공시 대상 정보가 제공되는 경우 공정공시 의무가 발생하는가?

공정공시 제도는 기업 밖의 사람들에게 적용되므로 기업 내부의 종업원들에게 미공개 중요 정보를 제공하는 것에 대해서는 적용되지 않는다. 그러나 기업 내부자들의 경우 신뢰 및 비밀 유지의 대상이며, 미공개 중요 정보를 취득한 내부 직원이 이를 매매 거래에 이용하거나, 타인에게 제공하는 경우 내부자 거래에 대한 책임은 지게 될 것이다. 따라서 이 같은 경우 자발적으로 공정공시하는 것을 권장한다.

Q7

> 상장 법인의 대표이사가 일간지에 요청해 직접 인터뷰를 하고, 향후 매출 전망에 대한 정보를 제공한 경우에도 보도 목적 취재에 해당해 공정공시 의무의 적용 예외에 해당하는가?

기업의 임직원이 자사 홍보 목적으로 특정 언론 기관과 인터뷰를 통해 공정공시 대상 정보를 제공한 경우에는 보도 자료를 제공하는 것과 마찬가지로 공정공시 의무가 발생한다. 그러나 언론 기관의 취재 요청에 의해 공정공시 대상 정보를 제공한 경우, 보도 목적의 취재에 해당되어 공정공시 의무가 발생하지 않는다.

언론 기관의 보도 목적 취재 이후 일간지 등에 보도된 내용을 상장법
인이 자사 홈페이지에 게재할 경우 공정공시 여부는?

언론 기관의 보도 목적 취재에 응했더라도 상장 법인이 홍보 차원에
서 보도된 기사의 전문 또는 일부를 자사의 홈페이지에 게재하는 경우
에는 공정공시 의무 적용 예외가 인정되지 않는다. 언론 보도와 기업공시
는 완전히 별개의 사항이므로 상장 법인이 홍보 차원에서 보도된 기사의
전문 또는 일부를 자사의 홈페이지에 게재하는 경우에는 공정공시 의무
가 발생한다. 통상 조회공시가 요구될 것이다.

④ 수시공시 관련 사항으로, 그 신고 시한이 경과되지 아니한 사항
수시공시 의무와 관련된 사항으로써 이사회 결의 등이 이뤄지지 않아
신고 의무가 확정적으로 발생하지 아니한 사항과 수시공시 의무가 확정
적으로 발생했으나 신고하지 않은 사항을 말한다.

관계를 어떻게
관리할 것인가?

첫 만남의 중요성

주식 시장에는 아노말리$_{anomaly}$라는 현상이 있다. 합리적인 주식 시장에서 비이성적으로 나타나는, 경제이론으로 설명이 안 되는 현상을 가리킨다. 예를 들어 1월효과$_{january\ effect}$[4], 기업규모효과$_{size\ effect}$[5], 주말효과$_{weekend\ effect}$[6] 등이 대표적이다. 1월효과의 경우 기업들이 내놓는 연초의

---

[4] 1월효과는 1월의 주가상승률이 1월을 제외한 나머지 달의 상승률보다 높게 나타나는 현상을 의미한다.
[5] 기업규모효과는 소형주가 대형주에 비해 투자수익률이 높게 나타나는 걸 말한다.
[6] 주말효과는 월요일의 평균수익률이 상대적으로 낮고, 금요일의 평균수익률이 높게 나타나는 경향을 의미한다.

장밋빛 전망에 대한 시장의 반응이라고 말할 수 있다. 모두들 처음엔 기대감을 갖고 시작하기 마련이다. 그래서 첫 시작이 중요하다.

애널리스트나 투자자를 처음으로 만날 때는 매우 신중해야 한다. 첫 만남이기 때문이다. 그 기억은 생각보다 오래간다. 내가 뭘 준비해야 할지, 어떤 내용을 전달해야 할지 머릿속에 숙지하고 있어야 한다. 예상되는 질문들도 마찬가지다.

미팅에 대한 준비는 누구를 만나느냐에 따라 달라야 한다. 새롭게 방문하는 투자자와 일상적으로 만나는 투자자는 그 질문의 수준도 다르고, 생각하는 범위도 크게 다르기 때문이다. 새롭게 방문하는 투자자는 인내심을 갖고 시간을 많이 투자해서 미팅을 가져야 한다. 첫 만남은 인상이 매우 중요하고, 처음에 기업에 대한 시각을 잘 잡을 수 있게 해야 이후의 미팅이 수월해진다.

얼마 전 애널리스트 미팅이 있었다. 얘기를 들어 보니 분석 업무를 처음 시작하는 신참이었고, 이 업종도 처음이었다. 그래서 그런지 늘 사용하는 자료 설명 방식이나 Q&A가 제대로 이뤄지지 않았고, 엉뚱한 질문도 많이 쏟아졌다. 처음 맡는 애널리스트나 펀드 매니저 모두 우리가 속한 산업과 기업 내용을 잘 모른다. 시간을 많이 갖고, 우군이 될 수 있도록 잘 설명해줘야 한다.

예전에 증권사 지점장 출신인 기업 분석 팀장과 일한 적이 있었다. 이분의 생각은 간단했다. 돈이 많은 투자자와 이제 계좌를 만들어 돈 100만 원을 입금한 투자자에게 어떻게 동일하게 정보를 줄 수 있냐는 것이었다.

투자자이자 고객이니 상대를 안 할 수는 없다. 그렇다고 어느 한 종목을 추천하기 위해 열정을 쏟으며 설득시키기엔 너무 돈이 적다는 것이다. 그러나 100만 원 계좌를 만든 투자자가 집에 100억 원이 있을지도 모를 일이다. 아니나 다를까, 100만 원 손님이 나중에 3번에 걸쳐 수십억 원을 투자했다고 한다. 이 손님은 쉽게 말해 간을 본 것이다.

이렇듯 언제나 그렇진 않지만, 대부분의 노력과 열정은 좋은 결과로 이어진다. 1주를 보유하건 10만 주를 보유하건 다 같은 주주이자 투자자이다. 그들에게 최선을 다하는 것은 IR 담당자의 기본적인 의무다.

온·오프라인으로 방문 일정 탐색

투자자가 기업을 방문하면 어떻게 해야 할까? 이 사람은 누군가를 통해 IR 담당자의 이름과 전화번호, 이메일을 들었을 것이다. 그리고 미팅을 문의했을 것이다. 주식 시장에는 기업의 IR 담당자 전화번호, 성향 등이 널리 알려져 있다. 그래서 전화나 이메일을 통해 서로의 일정을 공유하고 미팅을 확정하는 게 일반적이다.

나는 온라인 미팅 일정을 사전에 수립하는 것이 좋다고 생각한다. 어느 홈페이지에 가든 IR 방문 일정을 신청하는 페이지가 있다. 이건 상호 간에 시간 손실을 최소화하기 위함이다. 그리고 방문을 받고 싶지 않은 투자자(그런 투자자가 있다)를 온라인상에서 거부할 수도 있어 서로의 불편

함을 없애준다. 최근에 홈페이지를 통한 미팅 신청이 부쩍 감소하고 있다. 왜냐하면 대부분 투자자를 이미 확보하고 있고, 새로운 투자자들 역시 이미 시장과의 네트워크를 통해 연결이 가능하기 때문이다.

1주라도 보유하고 있는 투자자는 주주이자 기업의 주인이 맞다. 그러나 늘 일손 부족에 시달리는 IR 부서원에게 일일이 일정을 잡는다는 건 여러모로 불편할 수 있다. 따라서 최근에는 방문 일정을 잡을 땐, 담당자의 이메일을 사용하도록 권장한다.

자료를 만들 때 유의할 점

자료를 만드는 방법은 수없이 많다. 자료를 만드는 방법에 대해서는 말하지 않겠다. 그러나 나는 수많은 자료를 받아 분석한 경험이 있기에, 몇 가지 중요 포인트를 얘기해주고 싶다.

첫째, 하고자 하는 말이 분명해야 한다. 이 자료를 왜 만들었는지 분명히 밝혀야 한다는 것이다. 그렇다면 하고자 하는 말은 무엇인가? 기업의 미래다. 현재의 상황을 진전시켜 미래가 어떻게 좋아질 것인지 분명한 그림을 얘기해줘야 한다.

요즘 자료는 주력 사업에 대한 미래 비전, 신규 사업에 대한 미래 비전으로 나눠 설명하는 게 많다. 중요한 것은 내가 이렇게 만들었다는 게 아니라 투자자가 미팅을 마치고 나갈 때 그 그림을 머릿속에 그리고 나가

느냐 여부다. 이것이 결국 미팅의 성패를 가름하는 일이다.

둘째, 투자자가 원하는 내용이 있어야 한다. 내가 자주 하는 말이다. 투자자는 내 손에 있는 백데이터back data[7]가 궁금하지만, 나는 그들에게 IR 자료를 주고 얘기할 수밖에 없다. 그래서 IR 자료는 투자자들이 좋아하는 구성으로 만드는 것이 중요하다.

예를 들어 매출액이라면, 매출액을 구성하고 있는 큰 품목들의 데이터를 나눠서 구성하는 것이다. 투자자들이 좋아하는 것 중 하나는 재무제표의 변동 사항이다. 매출액, 비용, 영업외손익 등으로 흘러가는 손익계산서의 변동 추이라든지 총자산을 구성하고 있는 부채와 자본의 변동 사항 등이다.

셋째, 목차 구성이 중요하다. 자료를 어떻게 배열할 것인가? 중요도 순으로 할 것인가? 과거, 현재, 미래 순으로 할 것인가? 어떤 구성으로 할 것인지에 따라 자료의 분위기가 달라진다. 내 경험으로 볼 때 목차 구성 후에 만들어지는 내용물의 순서는 두괄식으로 배열하는 것이 좋다. 논리적인 스토리 흐름을 통해 결론을 내리기보다는, 결론을 먼저 얘기하고 그 이유와 과정에 대해 설명하는 것이 좀 더 투자자의 기억 속에 남을 것이다.

어차피 미팅은 제한적인 시간 동안 이뤄지는 것이다. 예전에는 외국어 능력이 부족한 직원이 해외 설명회를 가면, 설명회 자료를 5분, 15분, 30분 정도로 나눠서 외우라고 교육시켰다. 왜냐하면 투자자가 내가 말하는 것

---

[7] 일을 처리하는 과정에서, 나중에 잘못을 복구하거나 일 처리의 근거로 삼기 위해 보관하는 특정 단계의 자료를 말한다.

을 다 들어준다는 보장이 없기 때문이다. 그래서 시간에 맞게 말할 수 있는 다양한 버전version이 필요했다. 중요한 것을 먼저 말하는 습관은 설명하는 데 있어 매우 중요하다.

넷째, 가급적 스토리텔링 방법을 사용하는 것이 좋다. 결국 내가 하고자 하는 얘기가 얼마나 매끄럽게 전달되는지가 중요하다. 빵을 잘 만드는 기업이 갑자기 커피를 만들겠다고 하면 이것에 대한 논리가 필요하다. 시장이 어떻게 변하고, 기존 사업에서 신규 사업에 대한 진출이 왜 필요하게 되었는지가 잘 정리되어야 한다. 그저 "사장님이 시켰습니다."라는 말은 투자자들은 받아들이지 않을 것이다.

다섯째, 모든 투자자가 이해할 수 있는 언어로 자료를 만들어야 한다. 자료가 합리적이고, 직관적이며, 객관적이더라도 전문 용어나 속어로 만들어졌다면 사람들에게 불쾌감을 줄 수 있다. 증권사에 처음 입사했을 때 리서치센터장이 "아까 저 친구는 마바라야. 조심해야 돼."라고 말한 적이 있다. "마바라? 그게 무슨 말이야?" 알고 보니 이건 예전 증권가에서 사용하던 은어로 소액투자자를 뜻하는 일본어였다. 가급적 상대방이 이해할 수 있는 표현으로 자료를 만들자.

예전에 시스템 통합system integration업체를 분석한 적이 있었다. 이곳은 설명자료 뒤에 꼭 용어 해설을 붙여 놓았었다. 그만큼 전문 기업이란 얘기이기도 하다. 그러나 모두 이렇게 친절하진 않기에, 난 감명 깊었다. 한편으론 급성장하는 산업의 특징이라고 생각한다. 사람들이 많은 관심을 가지니 자세히 설명할 수밖에 없는 것이다.

실적 발표를 통해 신뢰를 쌓고 비전을 심어라

내가 일을 시작했을 때는 기업의 정기 보고서 제출이 1년에 두 번만 있었다. 그리고 분기 보고서 제출은 없었다. 인터넷도 잘 되지 않았을 때라 증권거래소 자료실에 가서 기업의 반기 보고서를 일일이 찾아 복사하곤 했었다. 그러나 지금은 금융감독원 전자공시시스템이 잘 구축되어 있다. 그래서 마감일이 지나고 바로 기업별 실적을 분석할 수 있다. 하지만 예전에는 기업 실적을 집계하는 게 쉽지 않았다.

기업은 공시를 통해 실적을 발표한다. 그런데 더 중요한 건 그 내용을 투자자에게 설명하는 것이다. 실적 발표는 여러 단계를 거친다. 정기공시를 통해 보고서 제출 이전에 잠정 실적을 발표한다. 그리고 회계 법인의 감사를 받고 금융감독원에 정식으로 보고서를 제출한다. 실적 발표에는 이 수치에 대한 설명이 수반된다.

사랑하는 사람에게 "사랑한다."라고 말만 하면 상대방은 그것을 믿기 어렵다. 거기에 수반되는 열정과 행동이 뒤따라야 한다. 기업도 마찬가지다. 투자자에게 실적이 왜 이렇게 나왔는지 설명하는 과정이 필요하다. 그것이 NDR이든, 기업설명회이든 간에 형식의 차이가 있겠지만 투자자들에게 현황을 설명한다는 본질이 변하지는 않는다.

병원에 가서 의사가 "어디가 아프십니까?"라고 물을 때 "맞춰보세요. 안 가르쳐주지."라고 말한다면 의사가 진단하기는 매우 어려울 것이다. 올바른 판단을 위해서는 정확한 정보가 필요하다. 그래서 정부에서도 분기마다 보고서를 제출하라고 하고, 기업들은 실적 발표를 통해 그 상황을 알려주는 것이다.

실적 발표에 있어서 가장 중요한 것은 무엇일까? 경험적으로 볼 때 두 가지 정도인 것 같다. 첫째, 과거에 대한 정확한 해석, 둘째, 현재에 대한 상황 설명과 닥쳐올 미래에 대한 상황을 설명하는 것이다. 여기에서 앞으로 다가올 미래에 대해 언급할 땐, 긍정적으로 표현할 수도 있을 것이다.

지금 우리나라에서 이뤄지는 실적 발표는 과거에 대한 해석이 주를 이루고, 여기에 단기적인 전망이 가미되는 수준이다. 왜 그럴까? 미래에 대한 예측이 워낙 불투명하기 때문이다. 상장 기업들은 적어도 1년에 네 번 정기공시를 통해 실적을 발표한다.

IR협의회에서 발표한 '실적 발표에 대한 10가지 지침'[8]을 통해 실적 발표를 어떻게 할지 더 자세히 설명해보겠다. 이 자료에서는 실적 발표 시 고려해야 할 사항 10가지를 정리했다.[9] 다음 페이지에 표로 정리되어 있으니 꼭 읽어보길 권한다. 여기에서는 내가 중요하게 생각하는 몇 가지만 얘기하고자 한다.

첫째, 스토리가 있어야 한다. 숫자가 왜 이렇게 나왔는지에 대한 설명

---

[8] IR협의회, '실적 발표에 대한 10가지 지침', IR FOCUS, 2021년 1월, 5-9p
[9] 사실 난 이 글을 읽으면서 더 놀란 것이 있었다. "전체 주가 변동 중 20%는 재무 수치가 아닌 기업 커뮤니케이션에서 언급된 내용에 기인한다."라는 말이었다. 돌이켜보면 시간에 쫓기고, 경험적으로 해왔던 일이라고 실적 발표에 소홀했던 적이 있지 않았던가? 기업의 재무적인 사항이 내재 가치를 반영하는 게 맞다. 그러나 커뮤니케이션을 통해서도 주가의 변동성이 생긴다. 이런 점에서 시장과 소통하는 데 있어 접점에 있는 IR 담당자들은 무거운 책임감을 가져야 한다.

과 지금 기업이 어떻게 흘러가고 있는지, 그리고 앞으로의 모습은 어떤지에 대한 내용이 말이나 숫자로 잘 나타나야 한다.

둘째, 간결하게 정리해서 발표해야 한다. 내용이 많으면, 말하는 발표자도 이게 무슨 숫자인지 잘 모르는 경우가 많다. 중요한 사실과 미래를 설명할 수 있는 숫자나 상황을 발표하는 것이 중요하다.

셋째, 성실하게 준비하고 발표해야 한다. 진실은 밝혀지기 마련이다. 내가 말하지 않는다고 시장이 모를 것이라는 어리석음은 빨리 버려야 한다. 과거에서 미래로 이어지는 현재의 시점에서 성실하고 신뢰성 있는 소통을 해야 한다. 그래야 투자자에게 신뢰를 주고, 커뮤니케이션을 통해 기업 가치의 손실을 줄일 수 있다.

| 실적 발표에 대한 10가지 지침 |

– 스토리를 통제하라
– 일관되고 자신감 있으며 진정성 있는 태도를 보여라
– 시각화로 결과를 생생하게 표현하라
– 투명하게 미래를 제시하라
– 유용한 정보를 간결하게 전달하라
– 다양한 청중에 맞춰 커뮤니케이션을 구사하라
– 실적 발표의 영향을 최적화하라
– 디지털 채널을 활용해 스토리를 전달하라
– Q&A를 준비하라
– 후속 조치에 능동적 대응하고, 외부 및 내부 모두에서 성공을 측정하라

행사를 단독으로 할 필요는 없다

1년에도 수십 번 행사를 하는 기업이 있고, 그렇지 않은 기업이 있다. 행사는 기업의 제품을 알리고, 브랜드 이미지를 높인다는 측면에서 필요하다. 그러나 이것을 꼭 단독으로만 해야 할 필요는 없다. 왜냐하면 연합해서 하는 것이 시너지가 날 수도 있기 때문이다. 경영진이 연합을 싫어하는 것은 혹시나 있을지도 모를 손해 때문이다. 괜히 돈 들어서 남의 집 장사만 시켜주면 안 되니 말이다.

그래서 이벤트가 발생할 때 고민해야 할 것은 우리의 입장보다는 수요자의 입장이다. 대형 행사가 있다고 가정해보자. 여기에는 우리 회사뿐만 아니라 경쟁업체들이 모두 참석한다. 그렇다면 연합해서 일을 진행하는 것도 좋은 방법이다. 시간이나 비용 측면에서 절약된다는 점 외에도 손님의 입장에서 혼란을 피할 수 있을 것이다.

예를 들어 지난 10월에 국내 최대 방산 전시회가 열렸었다. 많은 항공 관련 기업을 비롯해 방산업체들이 총출동했다. 나는 주요 방산업체들에게 연락했다. 어차피 손님도 같고 행사도 같은 공간에서 하는데 연합해서 하자고 말이다. 모든 방산업체가 찬성했을 뿐만 아니라 애널리스트, 펀드 매니저들도 좋아하는 분위기였다. 비용도 크게 절감되어 여의도에서 전시장까지 오는 교통편, 식사 비용도 업체별로 비용 배분이 가능했다.

처음에는 좀 망설여졌다. 왜냐하면 익숙하지 않았고, 배가 산으로 갈 수도 있기 때문이다. 괜히 먼저 나서는 게 부담스럽기도 했다. 세상 일이 다 그렇겠지만, 먼저 나서는 것보다 둘째로 가는 것이 훨씬 편할 때도 있다. 그러나 먼저 시작하기로 했다. 경쟁업체지만, 늘 보던 사람들이 아닌가? 전화해서 취지를 설명하고, 함께하자고 했다. 모두 동의하고 적극적으로 협력했다. 결국 모두가 만족해하며 행사를 마칠 수 있었다.

몇 년 전에는 증권사에서 주최하는 '홍싱행사(홍콩, 싱가포르에서 실시하는 NDR)'에서 참석을 요청받았다. 곰곰이 생각해보다가 애널리스트에게 전화를 걸었다. "방산업체가 함께 가는 건 어떨까요? 투자자들도 좋아하고 더 행사다워질 것 같네요."

결국 그렇게 했고, 투자자들은 한국의 대표 기업들을 한꺼번에 볼 수 있어 좋아했다. IR 활동을 하는 직장인이 얼마나 되겠는가? 그들이 함께 연합해서 할 수 있는 게 너무 많다. 그럼에도 불구하고 하지 않는 건, 우리의 게으름과 나약함, 그리고 경직된 생각 때문이다.

▲ 함께하면 일의 효율성이 배가 된다.

좋은 것만 생각하지 마라

그럼 여기서 간단하게 정리해보자. 어떻게 연합할 수 있었는가? 첫째, 목표가 같았다. 둘째, 평소에 관계가 좋았다. 셋째, 서로 간의 기업 상황이 나쁘지 않았다. 그런데 만약 서로 사이가 좋지 않다면 어떨까? 반대하는 곳이 있을 것이다.

그러나 나는 이런 생각을 홍보적 마인드라고 생각한다. 내부에 있는 선무당들은 IR 활동에 있어 자신들만의 생각만 고집할 때가 많다. 그래서 발전이 없는 것이다. 우리의 투자자들은 시장이 나쁠 때도 주식을 살수 있다. 따라서 IR 담당자는 환경의 좋고 나쁨에 상관없이 꾸준히 활동해야 한다.

IR 활동을 할 때, 기업의 상황이 좋으면 모두가 흥분되어 있다. 그리고이 성과가 자기 덕분인 것처럼 포장하고 싶어 한다. 그러나 반대의 경우는 어떨까? 상황이 좋지 않으면 다 남 탓을 한다. 내 탓은 세상에 하나도 없다. 그래서 나쁠 때는 조용해야 한다고 생각하고, 드러내는 활동을 하지 않는다.

그러나 시장의 정보는 항상 우리의 머리를 넘어선다. 그리고 냉정하다. 시장은 현재 분위기를 보지 않는다. 앞으로의 모멘텀을 바라본다. 그래서 어려울수록 IR에 대한 전략을 짜고 대담하게 실행해야 한다.

때로는 강하게 비전을 제시하라

오래전 일이다. 나는 당시 애널리스트로 일하고 있었다. 내가 맡은 기업 중 하나가 상장한다고 해서 기업설명회에 가봤다. 대기업의 자회사이기도 했고, 내가 맡은 곳 중 크게 성장할 역량을 갖춘 기업이라 관심이 많았다. 대표이사가 나와서 설명회를 하는데, 마지막에 이런 말을 했다.

> "우리는 결국 이런 비전에 의해 내년에는 2조 4천억 원의 시가 총액을 달성할 것입니다."

그런데 아무리 생각해도 내 추정치로는 나올 수 없는 숫자였다. 그래서 설명회를 마치고 며칠 후 본사를 찾아가 IR 담당자와 많은 얘기를 나눴다. 나는 IR 담당자에게 주요 근거에 대해 물었다. 그랬더니 담당자는 기밀이라 말하지 못한다는 것이다. 사실 서로가 결론을 알면서 나누는 대화였다. 나는 대표이사의 말이 거짓이라고 생각했고, 담당자는 애널리스트가 알아서 해석하라는 식이었다.

시간이 지나고 그 기업은 지금 다른 곳으로 인수합병되어 사라졌다. 너무 무모하게 말한 것도 있지만, 그렇게 많은 투자자 앞에서 대표이사가 과감하게 얘기한 것은 대단하다. 왜냐하면 대표이사의 발언이기 때문이다. 물론 때로는 과감한 비전 제시가 필요하다. 비록 거짓일지라도 아직도 내 머릿속에 그곳이 남아 있으니, 충분히 각인은 시킨 것이다.

그러나 충분한 근거를 갖고 말했다면 더 좋았을 것이다. 아니면 추가적인 미팅에서 어느 정도 근거라도 줬다면 좋았을 것이다. IR 부서는 당연히 준비된 전망을 내놓아야 한다. 이를 바탕으로 강한 비전을 제시해야 한다. 한 치 앞도 모르는 세상 일을 누가 알 수 있을까? 사무실 바닥에서 갑자기 석유가 나와 떼돈을 벌 수 있을지 아무도 모를 일이다.

실적 발표를
어떻게 할 것인가?

주가를 염두에 두지 마라

실적 시즌이 다가오면 IR 담당자의 마음은 혼란스러워진다. 좋은 실적을 말하고 싶지만, 공정공시 때문에 빨리 발표일이 오길 바라는 사람도 있다. 그리고 안 좋은 실적 때문에 고민하는 담당자도 있을 것이다. 그러나 돌이켜보면 모두 부질없는 일이다. 우리나라에서 창업한 지 100년이 넘는 기업은 손에 꼽을 정도다.

사람들은 모두 이 기업이 오래 성장할 것이라고 생각하고 가치를 매긴다. 그러나 고작 3개월 성적표가 뭐 그리 대단하겠는가? 큰 청사진으로 보면 아무 것도 아니다. 중요한 건 추세다. 실적이 단기간 나쁘면 좋아질 것이라고 말하면 되고, 좋으면 앞으로 더 좋아질 것이라고 말하면 된다. 너무 단기간 실적에 나약해질 필요는 없다.

당신은 실적 발표를 어떻게 하고 싶은가? 물론 잘하고 싶을 것이다. 그런데 잘한다는 의미는 현재 상황을 시장에 잘 전달하는 것에 방점이 찍혀야 한다. 보통 분기 실적 등 성적이 좋으면, 담당자보다도 경영진이 먼저 긴장을 한다. 실적이 잘 나왔으니 주가도 오를 것이라고 기대하는 것이다.

이건 IR 담당자에겐 큰 부담이다. 주식 시장이 엉망인데 실적만 좋으면 뭐하나? 주가가 기업의 실적에 따라서만 움직이는 게 아니라고 미리 말해야 한다. 만약 경영진이 이런 역학관계를 이해하지 못한다면, 책임은 당신에게 있다.

적극적인 자세로 발표하라

실적 발표는 단기적인 보고도 있고, 한 해를 마감하는 정기공시도 있다. 물론 인수합병과 같은 특별한 이슈가 발생했을 때 발표하는 경우도 있다. 우리는 1년에 분기, 반기처럼 정기적인 실적 발표를 통해 시장과 소통하고 있다. 그때마다 어떻게 해야 할까?

나는 가급적 적극적으로 업무를 수행하라고 말하고 싶다. 이번 분기에 실적이 왜 좋아졌는지, 나빠졌는지 가급적 상세하게 전달할 필요가 있다.

예를 들어보자. 어떤 기업이 이번 분기에 큰 이벤트가 발생했다. 그래서 본의 아니게 이번 분기 실적에 많은 영향을 미칠 것으로 예상된다. 이럴 때 큰 고민이 필요 없다는 것이다. 시장에서도 그 이유를 알고 있다. 상세하게 말해야 한다는 의미는 구구절절 다 설명해야 한다는 의미가 아니다. 시장이 자의적으로 해석하지 않게 만들어야 한다는 것이다. 적극적인 IR 활동은 사람들로 하여금 기업에 대한 미래 전망을 우리의 의도대로 생각하게끔 만든다.

▲ IR 담당자는 시장이 우리 의도대로 해석할 수 있게
등대와 같은 역할을 해야 한다.

후속 조치를 생각하라

실적 발표 이후에는 시장과 소통해야 한다. 독자가 몸담고 있는 기업은 1년에 얼마나 투자자를 만나는가? IR 관련 통계를 보면, 연간 투자자 미팅 건수 188회, 로드쇼 6.9회, 인베스터데이 0.7회, 현장 방문 3.8회, 투자자 컨퍼런스 7.4회가 평균적이라고 한다.[10] 아시아 지역의 기업은 로드쇼(5.4회)보다 현장 방문(6.6회)이 많은 편으로 조사되었다.[11] 기존에 확보하고 있는 소통 채널을 이용해 적극적으로 만나는 것이 필요하다.

가장 잘 알려진 건 각종 설명회일 것이다. 잠정 실적 발표는 공시와 컨퍼런스콜을 통해 사람들에게 알려졌을 것이다. 다음으로는 국내외 기관투자자와의 설명회다. 요즘엔 기업이 증권사를 선정하면 이들이 자산운용사 등 기관투자자와의 미팅 일정을 확보해준다. 만남에 대한 편의도 제공해준다. 기업 입장에서는 참 감사한 일이다.

이때 IR 담당자는 발표된 자료를 토대로 이들의 궁금증을 해소시키고, 미래에 대한 확신과 안도감을 짧은 시간 내에 각인시켜야 한다. 물론 환대를 받는 경우도 있지만, 쫓겨나는 경우도 있다.

당신은 자산운용사 미팅을 갔다가 쫓겨난 적이 있는가? 그럴 수도 있지만, 그런 일은 당하지 않길 바란다. 아무리 일이라도 자존심이 많이 상할 테니 말이다. 각종 설명회가 끝나면, 다음으로는 IR 담당자가 아닌 경

---

10 IR협의회, '글로벌 IR실무 보고서 2019: IR 이벤트', IR FOCUS, 2020년 2월, 6~11p
11 IR협의회, '글로벌 IR실무 보고서 2019: 아시아 IR 현황', IR FOCUS, 2020년 5월, 4~8p

영진이 직접 나서야 한다. 영업, 기술, 재무 등 필요했던 두세 개 분야를 준비해서 가급적 빨리 시행하는 것이 좋다. 시장 상황이 나빠서 영업 담당 임원이 나가기를 주저할 수도 있다. 그러나 사람들은 경영진과의 만남을 통해 상황을 직접 확인하고 싶어 한다.

이렇게 투자자와의 (경영)설명회가 시행되었다면, 그다음은 인적 네트워크 관리다. 우리 기업을 담당하고 있는 애널리스트 등 기관투자자와의 부드러운 소통이 필요하다. 함께 식사하는 것도 좋고, 골프, 낚시, 바둑과 같은 운동으로 교류하는 것도 좋을 것이다. 상대방이 좋아하는 것을 함께 즐기면 좋은 것이다.

예전에 내가 담당했던 기업의 CFO는 패러글라이딩에 푹 빠져 있었다. 얘기를 듣는 건 재밌었지만, 같이 할 수는 없었다. 또 어떤 코스닥 상장사 대표이사는 공수부대 출신인지 낙하산 타는 걸 좋아했다. 서로 친분

▲ 당신은 어떤 도구로 투자자와 소통하고 있는가?

을 쌓는 건 좋지만, 같이 할 수 없었다. 당신은 서로 소통할 수 있는 도구를 갖고 있는가? 없다면 지금부터 만들어라. 그것이 뭐든 간에 말이다.

지금도 기억나는 IR 담당자가 있다. 얼굴도 미인이고, 말도 잘하는 여성이었다. 그런데 나는 항상 그곳에 가면 힘들었다. 왜냐하면 미팅 후 꼭 식사를 했기 때문이다. 물론 나뿐만 아니라 모든 애널리스트에게 그랬을 것이다. 내가 그 담당자가 힘들었던 건 두 가지 이유 때문이었다.

하나는 식사 메뉴를 본인이 일방적으로 정하는 것이었고, 다른 하나는 기업에 대해 너무 아는 게 없다는 것이었다. 기본적인 재무 지식뿐만 아니라 제품에 대한 이해도 낮았다. 그래서 만나서 공통분모를 찾기가 너무 어려웠다. 다들 그 담당자와의 관계를 어려워했고, 결국 그분은 퇴사했다.

말하고 듣는 소통의 장이 되어야 한다

실적 발표는 IR 업무를 수행하는 일상적인 활동이다. 앞서 언급했듯 실적 발표는 기업의 성장성을 보여주기 위해 하는 것이다. 그 정체성은 인수와 합병이란 도구를 통해 바뀔 수도 있다. 기업은 생물과 같은 것이다. 그래서 사춘기에 변성기를 겪듯 일련의 과정을 통해 성장한다. 물론 단기적인 실적은 나빠질 수도 있다. 대담하게 자신감을 갖고 적극적으로 IR 활동을 하자.

실적 발표는 우리의 성적을 말하는 시간이다. 그러나 더 중요한 건 투자자의 말을 경청하는 것이다. 이들이 우리의 실적을 보고 어떻게 평가하는지 들어야 한다. 이걸 통해 향후 IR 활동의 방향을 수정해야 한다. 만약 투자자의 요구를 반영하기 힘들다면, 이유가 무엇인지도 말할 수 있어야 한다. 시장은 불안할 때가 많다. 이 같은 불안을 없애기 위해서는 IR 담당자들의 성실한 반응이 필요하다. 실적 발표는 이런 소통을 동반하는 IR 활동의 중요한 이벤트다.

IR 활동을 어떻게
평가할 것인가?

평가에 대한 오해

내가 처음 애널리스트 생활을 시작했을 때 이야기다. 기업의 규모가 작아 사내에 도는 이야기는 웬만한 건 다 알고 있었다. 연초가 되면 대표이사님은 부서마다 덕담도 하고, 각 부서의 전략을 듣는 시간을 갖기도 했다. 우리 부서도 순서가 되어 모두 대표이사실에 올라갔다. 대표이사님은 큰 계산기를 하나 들고 앉더니 열심히 계산기를 두들겼다.

부서의 인원이 몇 명이고, 한 달 인건비가 얼마인지, 1년에 얼마가 드는지 계산했다. 어린 나로서는 충격이었다. 우리는 가치를 창출하는 부서

아닌가? 아무런 기여 없이 비용만 발생시키는 부서였나?

지금 생각해보면 기업분석 부서에 대한 평가가 제대로 이뤄지지 않았던 것 같다. 지금은 해당 부서가 속한 리서치센터가 증권사의 핵심 역할을 담당하고 있다. 모든 투자를 위해서는 자산에 대한 가치 평가가 이뤄져야 한다. 그리고 이걸 토대로 투자를 위한 의사결정이 이뤄진다. 모든 일에는 사후적인 평가가 뒤따른다. 그래야 일이 점진적으로 발전하고, 유사한 상황이 발생했을 때 효율적으로 대처할 수 있다.

IR 활동에 대한 평가가 어려운 것은 대부분 무형의 가치를 창출하는 활동이기 때문이다. 간단해 보여도 평가자의 입장에서는 고민스러운 게 사실이다. 원만한 평가는 부서원의 만족감과 에너지를 높여주지만, 반대의 경우는 불만과 비효율성을 높여준다. 칭찬은 고래도 춤추게 만들지만, 잘못된 평가는 사람을 조직에서 뛰쳐나가게 만든다.

물론 무형의 가치를 평가하는 건 피할 수 없을 것이다. IR 담당자도 기업의 일원이기 때문이다. 따라서 IR 담당자들은 끊임없이 우리의 일이 매우 중요하고, 가치를 창출하고 있다는 것을 대내외적으로 인식시킬 필요가 있다.

가장 위험한 평가는 주가로 하는 것

가장 쉬우면서 위험한 평가는 주가로 하는 것이다. 한 기업의 주가가 1만 원이라고 하자. 그런데 기업의 매출액, 영업 이익 등 전망을 감안해 보니 2만 원은 되어야 할 것 같다. 이 얼마나 쉽고 간단한 평가방법인가? 숫자로도 나왔고, 그 근거도 꽤나 합리적이다. 그러나 이 글을 읽는 독자의 대부분은 동의하지 않을 것이다. 주가 상승의 이유가 IR 활동에만 있지 않기 때문이다.

예를 들어 대표이사의 평가가 주가에만 있다고 한다면, 대표이사는 엄청난 비용을 지불하더라도 주가를 올리려고 할 것이다. 결국 경영보다는 주가에 관심이 더 갈 것이다.

만약 쇠퇴기에 있는 기업이라면, 이 같은 행위는 결국 주가를 하락하게 만들 것이다. 그래서 ROE[12]이나 ROI과 같은 지표들의 증가 여부 등 다수의 지표들이 핵심성과지표[13]로 사용된다. 가급적 상대적 지표보다는 절대적 지표를 이용하는 것이 바람직하다.

예를 들어 PER를 평가 지표로 정했다고 하자. PER는 주가를 EPS로 나눈 지표다. 목표로 하는 PER가 높으면, EPS를 낮추면 된다. 즉 주가를 올리기보다 순이익을 적게 내면 PER가 높아진다는 것이다. 반대로 PER

---

12 'Return On Equity'의 약자다. '자기자본이익율'을 말한다. 경영자가 직접 기업에 투자한 자본으로 얼마의 이익을 내고 있는지 나타내는 지표다.
13 보통 KPI(Key Performance Indicator)라고 부른다. 목표 달성을 위해 핵심적으로 관리해야 할 지표를 의미한다.

가 낮아야 하면 경영자는 주가가 오르는 것을 좋아하지 않을 것이다. 순이익이 일정한데 주가가 하락하면 PER는 낮아지기 때문이다.

이와 같이 부정확한 평가 지표들은 비정상적인 경영 활동과 경영자의 심각한 대리인 문제를 발생시키기 때문에 유념해야 한다. 주가 상승이 IR 활동만의 결과물이라고 한다면 기업이 뭘 고민하겠는가? IR 부서에 인력을 왕창 배치시키고, 활동을 배가시키면 그만이다. 그러나 세계 경제가 하락하는 추세에 있으면, 아무리 IR 활동을 잘해도 주가는 떨어진다. 주가와 IR 활동은 상관관계가 있지만, 인과관계가 높은 건 아니다. 평가자 역시 지표를 만들 때 이를 염두에 둬야 한다.

IR 활동의 의미를 잘 모르는 경영진과 일할 땐 매우 피곤하다. 그러나 경영진을 설득하는 건 IR 담당자의 몫이다. 경영진이 주가와 IR의 관계를 모르거나 홍보와 IR의 차이를 모를 수도 있다. 이럴 때 경영진을 설득하는 건 대단히 어렵다. "이거 사인해주면 주가는 올라가는 거죠?" "주가가 안 올라가는데 돈이 왜 필요합니까?" 사실 이런 말은 별것도 아니다. "이거 안 하면 주가가 얼마나 빠지는지 조사해보세요." 이렇게 나오는 상급자도 있다.

이런 경영진을 둔 IR 담당자의 마음은 무너질 것이다. 그러나 책임의 절반은 내게도 있다. 평소 경영진을 잘 설득하지 못했기 때문이다. 평소 IR 부서의 상황을 경영진에게 계속 알렸다면 달랐을지도 모른다.

정량과 정성의 사이에서 길을 묻다[14]

기업 내 영업 부서와 같은 프론트 오피스는 정량적인 평가가 명확하다. 그러나 미들 오피스, 백 오피스는 평가가 어려운 경우가 많다.[15] 결국 정성적인 평가를 정량화시켜 해결해야 한다. IR 부서도 미들 오피스 부서이므로 정량화의 문제를 고민해야 한다. 앞서 말한 대로 주가가 평가 지표가 되어서는 안 된다. 그렇다면 기업 방문 횟수는 평가의 잣대가 될 수 있을까? 될 수 있을 것이다. 미팅이나 설명회 등은 좋은 정량적 지표가 될 수 있다.

연말이 되면, IR 활동을 어떻게 평가할 것인지 지표 선정을 위해 고민하기 마련이다. 필자 역시 늘 고민하는 것이지만 대개는 다음 페이지의 표와 같은 항목으로 지표를 만들어 제출한다. 이것은 IR협의회에서 제공하는 과거 자료의 일부를 수정한 것이다. 대부분이 동의할 것이라고 생각한다.

그러나 나는 주가 변동성에 의미를 좀 더 두고 싶다. 즉 주가의 변동성이 크지 않게 관리하는 것은 IR 활동에 있어서 매우 중요한 항목이다. 시장이 크게 놀라지 않게 주가가 추세를 갖고 움직이게 하는 것은 IR 담

---

14 숫자처럼 객관적으로 평가될 수 있는 것을 '정량평가'라고 하고, 주관적인 판단으로 평가되는 것을 '정성평가'라고 한다.
15 프론트 오피스(front office)는 영업 부서 등 기업의 목표에 직접적인 영향을 미치는 부서, 미들 오피스(middle office)는 외부와 소통을 통해 부서 목표가 이뤄지고 기업의 리스크 관리를 담당하는 부서, 백 오피스(back office)는 일반적인 내부 운영 조직을 말한다.

| IR 활동의 성과 판단 지표[16] |

성과 판단 지표	주요 내용
주주 기반의 성장	기관투자자 수, 지분율의 증가
애널리스트 커버리지 규모의 증가	애널리스트, 기업 보고서 발간 수의 증가
거래량 및 주가 변동성	거래량 및 기간 내 주가의 표준편차
투자자 미팅 횟수	미팅의 절대적인 규모
투자자 미팅 수준	투자자의 자금 규모
NDR, 기업설명회 등 참가	참여 기관투자자의 수, 지역별 분포

당사자들이 주의를 기울여야 하는 사항이다.

연초 목표를 세울 때는 올해 특별히 관리해야 할 항목이 눈에 보일 것이다. 그것에 집중해 평가 비중을 높인다면, IR 활동은 당연히 조정되어 움직이게 된다. 이 같은 조정 과정을 거치면서 IR 활동의 체질은 점차 개선될 것이며, 목표하는 수준의 성과를 달성할 수 있을 것이다.

좋은 IR 담당자는 정성적인 것에 더 비중을 둔다. 정성적인 것을 고려한다면 중요한 사항이 너무나 많다. 전략을 세워 투자자의 보유 비중을 변화시키는 것, 예를 들어 연기금과 같은 중장기투자자 비중을 올리는 것 등이다. 전략적 투자자 보유 비중을 늘리는 것도 중요한 포인트가 된다. 연초에 어떤 투자자를 대상으로 IR 활동을 진행할지 계획을 세우고, 그것을 평가하자. 이건 투자자 몇 명을 더 만나는 것보다 중요한 일이다.

---

16 IR협의회, '중소형 상장기업의 IR 성공 판단지표', IR FOCUS, 2020년 1월, 12-13p

공시 업무는 대표적인 정량적 지표

공시 업무에 대한 평가는 완전함에 무게를 둬야 한다. 지연공시를 해서 불성실 공시법인으로 지정되거나, 오타 등의 이유로 정정공시를 할 경우 감점 요인이 된다. 물론 사람이 하는 일이기에 실수가 있을 수 있다. 이에 대한 책임만 지면 그뿐이다. 그러나 거짓말을 했거나, 일부러 지연함으로써 사실을 감췄다면 범죄 행위로 간주될 수 있다.

따라서 공시는 정량적인 평가처럼 달성 여부에 무게를 두는 것이 좋다. 최근에는 영문 공시 업무에 대한 관심이 높다. 외국인투자자를 염두에 둔 서비스일 것이다. 전체 공시 중 영문 공시 비율을 높이는 것도 정량화된 지표가 될 수 있다.

기업설명회, 투자자와의 미팅 횟수도 정량화의 좋은 경우다. 코로나19 하에서도 미팅 횟수는 줄지 않고 있다. 이건 뭘 의미하는 걸까? IR 활동이 그만큼 지속적이어야 함을 알려주는 것이다. 그리고 투자자들을 다양화하고 중장기투자자의 지분을 확대시키는 것도 좋은 지표가 될 수 있다. 당신 회사의 지분 구조는 어떤가? 중장기투자자가 있는가? 1% 또는 5% 이상의 의미 있는 투자자가 있는가?

한편 이사회, 주주총회 등 회의체 운영은 경영진이 외부에 노출되는 것인 만큼 집중할 필요가 있다. 그리고 안건에 대해서도 다각적인 검토가 필요하다. 최근에는 ESG 경영 중 지배구조 분야에 있어서 이사회의 역할이 강조되고 있다.

그래서 이사회를 비롯해 감사위원회, ESG위원회, 사외이사후보추천위원회 등 다양한 위원회의 활동이 중요시되고 있다. 따라서 ESG 평가에 있어서 이사회의 개최 횟수, 사외이사 비율, 여성 임원의 수 등이 그 대상이 되고 있다는 점을 고려해야 할 것이다.

잊지 말아야 할 것

IR 활동에 대한 평가부서나 평가자도 잘 관리해야 한다. 이들이 IR 활동을 이해하지 못한다면 어떻게 될까? 앞서 얘기한 대로 주가가 모든 걸 해결한다고 생각할 것이다. 만약 주가가 오르면 모든 잘못이 용서된다고 생각하는 관리자가 있다면, 더더욱 조심해야 한다. 내 경험상 IR 활동에 있어 가장 큰 걸림돌은 내부에 있었다.

특히 한 번 IR 부서에 몸담았던 관리자라면 더 주의해야 한다. 선무당이 무서운 건 과거의 경험으로 현실을 해석하고, 미래를 예측하려고 한다는 데 있다. 불행한 건 이들의 경험보다 세상은 빠르게 변하고 있다는 사실이다. 이들은 세상이 얼마나 빠르게 변하고 있는지 알지도 못하고, 연구도 하지 않고 미래를 바라본다. 조심하자.

5장

전략으로
승부하는
IR 활동

특별한
IR이 더 낫다

평균의 함정

공식적으로 출생 및 사망 시기가 입증된 인물 중 최장수 기록을 갖고 있는 사람은 프랑스의 잔 루이즈 칼망_{Jeanne Louise Calment}이다. 그녀는 122년 164일을 살았고(1875~1997년), 배우자보다도 55년을 더 살았다. 그리고 97년 간 흡연한 최장수 끽연가이기도 했다. 이분이 90세 되던 해에 한 변호사 가 찾아와 말했다고 한다.

"할머니, 제가 매월 용돈(적지 않은 금액이다)을 드릴 테니, 할머니가 돌아가시면 살고 계신 아파트를 제게 주세요."

할머니는 이 제안을 수락했고, 그 후 30년을 넘게 더 사셨다. 할머니의 죽음을 기다리던 변호사는 할머니보다 먼저 사망해, 아파트는 변호사의 후손들에게 돌아갔다. 변호사는 왜 이런 계약을 했을까? 바로 '평균'의 사고를 가졌기 때문이다. 당시 프랑스 여성의 평균 연령이 이미 할머니의 나이보다 한참 낮았었다. 그래서 변호사는 해볼 만한 제안이라고 생각했던 것이다.

평균은 우리의 마음을 안심시키는 도구다. 하지만 우릴 함정으로 빠뜨리기도 한다. IR 담당자는 하루 종일 숫자를 만지는 사람들이다. 평균의 함정에 빠지지 말고 이를 잘 활용해야 한다. 주식 시장에서 말하는 '적정주가'는 애널리스트들이 전망하는 '평균주가'를 의미한다. 평균적인 가격은 합리성과 대중성을 내포하고 있다. 그러나 이 숫자는 무언가를 요구하는 숫자일 수도 있다.

특별한 IR 전략을 세우자

유니크unique:특별한 함은 전략적인 측면에서 중요하다. 미국 하버드 대학교의 마이클 E. 포터 교수는 유니크함이 전략적인 측면에서 중요하다고 말한 바 있다.[1] 그럼에도 불구하고 대부분은 유니크보다는 베스트를 지

I Michael E. Porter, 'What is strategy?', HBR, 1996년 11월

향한다. 그 이유는 '비교에서 오는 열등감'을 떨쳐버리고 싶기 때문일 것이다. 물론 유니크하면서 베스트하면 최고일 것이다. 그러나 현실적으로 이것이 모든 기업의 목표일 수는 없다.

IR 담당자가 추구해야 할 베스트는 뭘까? IR 부서가 주가를 만든다는 소리를 듣는 것일까? 그러나 이 말에 동의하기는 어렵다. 장기적인 측면에서 기업 가치는 내재 가치에 수렴한다. 즉 IR은 시장의 효율성과 관련이 깊다. 결국 베스트 IR 활동은 주가의 방향성을 지속시키는 것보다는 주가의 변동성을 줄이는 것에 주목해야 한다.

실제로 많은 미팅과 컨퍼런스콜이 이런 것을 위해 하는 것이 아니다. 세련되게 하거나 질그릇같이 투박하게 할 수는 있어도 본질이 변해서는 안 된다. 따라서 IR 활동은 베스트를 지향하는 것보다 기업의 상황에 맞는 유니크한 전략을 세우는 게 답일 수 있다.

유니크의 의미 중 하나가 나만의 색깔을 내는 것이다. IR에서 이것이 중요한 이유는 IR에 투입될 수 있는 자원은 한계가 있고, IR 담당자의 지식도 한계가 있기 때문이다. 따라서 서비스 자원을 한정시키고 그 안에서 일을 한다면 더 효율적일 수 있다. 내가 말하는 유니크한 것은 자원의 효율성과도 관련이 있다.

예를 들어 나는 많은 기관투자자들을 만나지만 아무 때나 만나는 것은 비효율적이라고 생각한다. 대부분의 사람들이 "IR이 서비스 부서인데, 고객이 원하는 것에 맞춰야죠."라고 말한다. 틀린 말은 아니다. 그러나 우리의 여건이 가능한지 살펴봐야 한다.

대표적으로 미팅의 일정표를 만드는 것이다. 이것은 담당자에게 일할 시간을 확보해줄 수 있다. 그리고 만나는 투자자를 모으거나 분산시키고, 특정할 수 있다는 장점도 있다. 예를 들어 "우리는 월요일, 수요일, 목요일 오후에만 미팅을 할 수 있습니다."라고 정해두면 그 외 시간에는 업무에 집중할 수 있다. 그리고 이것을 인터넷 홈페이지에 예약 시스템으로 구축하면 좀 더 많은 시간을 절약할 수 있다.

내 한계를 극복하는 방법

IR 활동은 재무제표뿐만 아니라 기업의 다양한 자원을 활용해야 한다. 제품이나 공장과 같은 실물도 봐야 하고, 때로는 현장의 전문가를 소개시켜줘야 한다. 여기서 주의할 건 IR에서 말하는 것과 현장의 전문가가 말하는 게 다를 수도 있다는 것이다. 현장이 알고 있는 것과 기업의 방향성은 다를 수 있다. 기관투자자들은 현장의 얘기를 듣고 싶어 한다. 그러나 큰 틀이 바뀌면 오해의 소지가 생긴다.

예전에 위성방송 수신기를 파는 업체를 방문한 적이 있었다. 공장에 갔다가 현장 관계자에게 이 제품은 왜 이렇게 잘 팔리냐고 물어봤다. 그랬더니 현장 전문가는 의외의 답을 했다.

"이 제품은 밀어내고 있는 거예요. 내년이면 규정이 바뀌어서 못

팔 거예요. 신제품이 나올 겁니다. 이게 아마 다음 달에 발표될 제품인데, 미국에서 100만 대 이상 가져가기로 했어요."

이처럼 현장에선 사심 없이 다 얘기해준다. 이건 현장 전문가의 잘못이 아니라, IR 부서에서 관리를 제대로 못한 탓이다. 거짓말을 해서는 안 되지만, 아직 결정되지 않았거나 판단에 영향을 줄 수 있는 건 미리 현장에 선을 그어 놓거나 사후에 설명이 필요하다. 그래서 현장을 갈 때는 IR 담당자가 동행해야 한다. 현장에는 디테일이 있다. 그러나 큰 틀에서 기업이 어떻게 흘러가는지 IR 부서에서 알려줘야 한다.

IR에 사용되는 자원은 무궁무진하다. 산업이나 기술 동향에 관심이 많은 투자자를 IR 담당자가 커버하는 것에는 한계가 있다. 이럴 땐 관련 부서의 임직원 미팅을 주선하는 것도 좋을 것이다. 물론 사전에 어디까지 얘기할 것인지 미리 정해야 한다. 그리고 내가 직접 참석하는 것도 잊지 말아야 한다. 또한 생산라인을 견학하는 것도 기업을 분석할 때 큰 도움이 된다.

그러나 아무래도 가장 좋은 것은 경영진과의 만남이다. 경영진은 회사의 비전을 정할 때, 중요 의사결정을 할 때 직접 참여한 사람이다. 단기, 중기의 흐름을 누구보다도 정확하게 알고 있다. 따라서 경영진과의 만남은 정기적이든, 비정기적이든 IR에 있어 반드시 필요하다.

격식보다 만남의 질이 더 중요하다

기업이 IR 활동에 많은 비용을 투입하는 데는 분명한 이유가 있다. 예를 들어 회사채 발행이나 증자가 임박한 기업이라고 하자. 이때 회사채 발행에 참여하는 투자자를 위해 해외 자회사를 꼭 보여줘야 한다면 어떨까? 단기적인 비용 지출이 발생할 것이다. 이건 원만한 자금 조달의 성공이라는 목표를 위해 꼭 필요한 비용이다. 그러나 비용이 많이 든다고 꼭 효율적인 것은 아니다.

대규모 비용이 지출된 IR 행사는 부서 입장에서 신경이 많이 쓰인다. 내가 애널리스트 시절 이런 행사를 참석한 적이 있었다. 행사 당일 날씨가 좋지 않고, 주식 시장도 폭락해 나 혼자만 참석하게 되었다. 대표이사가 끓어오르는 화를 전혀 표현하지 않았던 게 인상적이었다.

행사는 망했지만, 나는 대표이사를 독대함으로써 알고 싶은 걸 다 들을 수 있었다. 나는 애널리스트와 IR 부서를 모두 겪었다. 그런데 이같이 큰 비용이 지출되는 행사가 효과적인지는 의문이 든다. 돈을 많이 쓴다고 애널리스트와 투자자의 관점이 달라지지는 않는다.

사실 IR 활동에 비용이 많이 들진 않는다. 대부분 드는 비용은 격식을 갖추는 데 사용된다. 이런 것은 사실 부수적인 것들이다. 예전에 비해 주식 시장의 참여자들은 냉철하지만, 긍정적이고 개방적인 사고를 갖고 있다. 생각과 활동이 자유로워야 좋은 결과가 나올 수 있지 않을까? 우리가 너무 격식을 갖추고 다가가는 게 아닐까?

격식은 중요하지만 과도할 필요는 없다. 만남의 질이 더 중요한 것이다. 기껏 고생해서 멀리 갔는데, 바람 잡는 얘기만 듣는다면 얼마나 짜증이 날까?

내가 지금 근무하는 곳은 경상남도에 본사가 있다. 지방에 있기에 교통편이 그리 좋지 못하다. 그래서 주로 서울에서 미팅을 한다. 그런데 본사로 초대할 때도 있다. 긴장이 되는 순간이다. 멀리까지 온 만큼 많이 얘기해주고 싶고, 여러 면에서 신경이 쓰인다. 그러나 핸드폰으로 주식 시장만 보다가 가는 손님도 있다. 아쉽지만 어쩔 수 없다. 난 최선을 다했고, 그분도 최선을 다해 만났을 것이다.

IR의 전략적
타깃을 정하라

투자자의 속성을 파악하라

기관투자자와 만날 때는 먼저 투자자의 속성을 알아야 한다. 보통 IR 담당자는 기관투자자가 기업의 주식을 얼마나 보유하고 있는지 먼저 관심을 가진다. 그러나 그것보다 그가 어디에 투자하는 것을 우선시하는지가 중요하다. 어렵게 생각하지 말자. 기관투자자가 속한 기관의 홈페이지에 들어가보면 투자자의 속성을 충분히 알 수 있다.

투자자의 속성은 무엇일까? 보통 펀드는 명확한 목적을 갖고 만들어진다. 물론 그 목적에 부합하는 종목만 투자하지는 않는다. 펀드의 규모와 수익률 등 여러 고려 사항이 있기 때문이다. 예를 들어보겠다.

김 대리가 근무하는 곳은 대표적인 성장주로 분류되는 기업이다. 어느 날 경영 담당인 맹 상무가 부르더니 명함 하나를 주며 어느 자산운용사 대표를 만나보라고 했다. "만나서 얘기 잘 해봐. 우리 회사 주식을 사줄 거야. 내가 얘기했거든."

일단 김 대리는 자산운용사 홈페이지에 들어가서 투자자의 속성을 파악했다. 전형적인 가치주에 투자하는 자산운용사였다. "쉽게 투자 방향을 바꿀 수는 없을 텐데, 산업에 대해 리서치를 하고 싶나 보군…."

이렇게 생각하고 미팅을 실시했다. 꽤나 자세하게 설명했고, 담당자 역시 이해도가 높았다. 김 대리는 이후 가끔 전화도 걸어 IR 활동을 했다. 그러면서도 펀드의 속성이 기업의 속성과 다르니 당연히 사진 않을 것이라고 생각했다.

그런데 문제는 이제부터다. 맹 상무가 왜 그 자산운용사가 주식을 사지 않느냐고 따지는 것이다. 김 대리는 자신의 생각을 얘기했지만, 맹 상무는 대뜸 IR 활동에 전략이 없다며 다그쳤다.

이 예화를 보며 대부분의 사람은 맹 상무가 잘못했다고 생각할 것이다. 그러나 주식 시장에 대한 상급자의 이해도가 떨어지는 건 어쩔 수 없다. 사실 이건 김 대리 잘못도 있다. 왜냐하면 김 대리가 이 사실을 맹 상무에게 좀 더 미리 말했더라면 좋았을 것이기 때문이다. 첫 미팅 후 맹 상무에게 달려가 투자자 속성에 대해 얘기했어야 했다.

투자자 발굴이란 끝없는 노력

IR 활동의 대상은 투자자다. 그러나 투자자는 늘 변화한다. 그들은 언제든지 성장 사이클의 변화에 맞춰 매매를 계속한다. 그들은 냉정하고 이성적이며 합리적으로 행동한다. 우리가 어려울 때 도와주는 투자자가 있다면, 아마 그는 투자자금을 대주는 전주錢主로부터 엄청난 대가를 치러야 할 것이다. 물론 기업에 대한 합리적인 확신을 갖고 있다면, 그런 위험을 감수할지도 모른다. 그러나 인정이나 의리로 그런 선택을 하지는 않을 것이다.

자주 만나고, 관심이 많아 보였던 투자자도 몇 년이 지나면 주주명부에서 사라진 경우를 자주 본다. 이렇듯 투자자, 즉 주주가 우리 곁에 지속적으로 남아 있을 수는 없다. 따라서 IR 담당자는 새로운 투자자를 계속해서 발굴하는 노력이 필요하다. 이 같은 노력은 풍족하게 사용할 수 있는 투자자 목록을 만들어줄 것이며, 장기적으로는 IR 활동의 목표를 달성해줄 것이다. 중요한 것은 실적이 나쁘다고 겁먹거나, 게을리 IR 활동을 하면 안 된다는 것이다.

투자자 발굴에 있어 선행되어야 하는 것은 기업에 대한 냉철한 분석이다. 우리 회사를 나보다 잘 아는 사람은 없다. 물론 너무나 잘 알기에 왜곡된 시각이 생겼을 수도 있다. 제3자의 입장으로 바라보자. 그래야 상대방에게 통하는 전략이 수립된다. 여기에선 재무 구조의 흐름과 역사, 당면하고 있는 이슈와 해결 방안 등이 당연히 고려되어야 할 것이다.

▲ 투자자 발굴은 잔디밭에서 바늘을 찾는 것처럼
힘들 수도 있다.

투자자를 발굴하는 방법

IR 활동을 할 때 가장 자신감이 있던 적은 언제였나? 생각해보면 실적이 좋았을 때, 미래에 대한 가능성이 많았을 때일 것이다. 이때는 누구를 만나는 것도 자신 있고, 만남의 시간이나 횟수도 많았을 것이다. 그러다가 실적이 안 좋아지면 움츠러들기 쉽다. 그러나 실적이 나쁠 때도 투자자를 많이 만나야 한다. 투자자에게 우리가 어떻게 이 난국을 헤쳐 나갈지 비전을 설명해야 한다.

투자자를 어떻게 발굴할 것인가? 그 해답은 이미 당신의 손에 들려 있다. 주주명부를 봐라. 그리고 우리를 평가하는 기관투자자의 보고서를 봐라. 거기에는 투자자들의 모든 목소리가 담겨 있다. 이들에 대한 전략적인 접근이 필요하다. 나는 여기서 몇 가지 전략을 제시하고자 한다.

첫째, 주주명부를 분석하라. 정부, 외국인, 국내 기관투자자와 같은 분류는 더 이상 의미가 없다. 중요한 것은 이들이 집중적으로 매수할 수 있는지, 오래 보유할 수 있는지 등이다. 우리의 사업 구조가 수출지향적이라고 한다면, 해외에서의 평판 등도 이들의 투자 포인트가 될 것이다.

어느 경영자가 내게 와서 기업 보고서를 써 달라고 요청한 적이 있었다.[2] 왜냐하면 해외 바이어들에게 상장까지 했는데 왜 보고서 하나 없냐고 핀잔을 들었다는 것이다. 이 기업엔 영문 보고서가 필요한 것이다.

한편 기업의 투자자 지분 변동이 너무 심하면, 중장기투자자가 필요하다. 적어도 1% 이상의 지분을 보유할 수 있는 투자자를 확보하는 등 내부 전략을 세워 접근하자. 주주명부에 있는 투자자는 주주다. 이들에 대한 IR 활동 계획을 수립하고, 현재의 현황을 업데이트하고, 미래 비전에 대해 설명하자.

둘째, 과거 우리에게 투자했던 투자자들을 다시 한번 돌아보라. 이 전략은 한 번도 만난 적 없는 투자자를 만나는 것보다 훨씬 수월할 것이고 미팅도 자유로울 것이다. 이들은 현재 주주명부에 기록되진 않았지만, 우리 회사에 관심이 있는 투자자다. 이들이 왜 펀드에 우리 회사 주식을 담고 있지 않은지를 먼저 파악해보면 전략이 생긴다.

---

2 나는 이 기업의 보고서를 작성할 만한 시점은 아니라고 판단했었다. 그러나 경영자가 직접 찾아왔으니 난감한 상황이었다. 다행스럽게도 이후 몇몇 증권사에서 보고서가 나와 상황을 모면할 수 있었다.

그리고 이들에 대한 정보는 이미 내부에 있을 테니 접근하기도 수월할 것이다. 명함, 면담 일지, 대략적인 미팅 내용을 참고할 수 있겠다. 그러니 만나서 어떤 얘기를 할지 구체적으로 계획하자.

셋째, 중장기투자자 확보에 대한 계획을 세워라. 중장기 펀드는 보통 3년을 바라보고 투자한다. 개인투자자는 1~6개월 정도를 중장기라고 한다고 하니 그 개념이 서로 다른 것 같다. 만약 어느 중장기 펀드가 의미 있는 주식을 오랫동안 보유하는 특성을 갖고 있다면, 이 펀드에는 많은 공을 들여야 한다.

중장기 펀드는 산업 사이클이 짧은 곳에 투자하지 않는다. 그리고 산업에 대한 이해도가 부족한 곳에도 투자하지 않는다. 그러나 한 번 투자하면 그 비중을 좀처럼 줄이지도 않는다. 이들이 해외투자자라면 국내에 들어올 계획이 있는지 알아봐야 한다. 그리고 그럴 계획이 없다면 우리가 스케줄을 맞춰 찾아가야 한다. 중장기투자자일수록 가치 평가에 중요한 비중을 둔다. 기업의 실적이 하락보다는 오히려 바닥일 때 접근하는 게 좋다.

넷째, 특이한 투자자가 있는지 파악해라. 우리가 전통적으로 알고 있는 펀드는 모두 목적이 있다. 성장주, 배당주, 가치주에 투자하는 펀드도 있고, 역발상 투자, 공매도 투자를 하는 곳도 있다. 최근에는 사회적 책임 투자SRI: Social Responsibility Investment, ESG 투자등 기업의 비재무적 요소를 중요시한 투자가 확대되고 있다.

우리는 어떤가? 청정환경이나 환경관리를 우선시하는가? 그렇다면 이런 펀드의 투자 대상이다. 신약을 개발하고 있는 업체인가? 그렇다면 당연히 바이오 펀드의 대상이다. 사모펀드[3]가 경영권 확보를 목적으로만 만들어지지 않는다. 우리 비즈니스의 폭을 넓힐 수 있는 전략적 투자자가 나타날 수 있다. 전략적 투자자는 우리의 우군이 될 뿐만 아니라, 기업 가치 향상에 큰 보탬이 될 수도 있다. 투자자의 폭을 넓혀서 검토해보자. IR 부서가 이런 투자자를 상대할 비즈니스 전략적 자산임을 잊지 말자.

다섯째, 개인투자자에 대한 IR 전략도 수립하라. 사실 개인투자자를 전략적 타깃으로 고려하기는 어렵다. 그러나 주식 시장 내 외국인투자자 주식 보유 비중이 시가총액의 29%에 불과한 반면, 개인투자자들의 하루 거래 비중은 70%에 이르고 있다.[4] 개인투자자가 주식을 오랫동안 보유하는 경우는 드물지만, 매매 비중이 절대적이란 점을 간과해서는 안 된다.

개인투자자를 위한 전용 SNS를 만들거나 정기적인 IR 행사를 실시하는 것도 좋은 전략이다. 상장사협회, 코스닥협회, IR협의회, 한국거래소 등 모두 투자자들을 대상으로 한 IR 활동을 지원하고 있다. 이런 공간을 활용한다면 많은 도움이 될 것이다.

---

3 PEF(Private Equity Fund)라고 불린다. 투자자로부터 모은 자금을 갖고 주식, 채권 등에 운용하는 펀드다.
4 출처: 한국거래소 홈페이지

결론은 우호 투자자를 확보하는 것

내가 즐겨 찾는 식당이 있다. 값이나 음식, 서비스 수준이 좋았고 주인과도 서로 얼굴을 보고 인사할 정도는 됐으니 단골이라고 할 수 있겠다. 나는 식당에 갈 때 미리 예약하는 오래된 습관이 있다. 그날도 예약을 했고, 시간에 맞춰 도착했다. 식당 안은 이미 사람들로 붐비고 있었으나 난 별 걱정하지 않고 식당에 들어갔다. 그런데 예약한 자리가 없었다. 들어 보니 새로운 손님에게 먼저 자리를 내줬다는 것이다.

알고 보니 "당신은 우리 단골이니 내가 이래도 이해해 줘. 새로운 손님 받아서 매출 올려야지. 좀 기다리면 자리 나니까 그때 챙겨 줄게."라는 얼굴이었다. 그 이후 난 그 집에 다신 안 간다. 그 식당은 무슨 이유인지 오래가지 못하고 폐업했고, 난 이유가 궁금하지 않았다.

우리는 전략을 세우고 새로운 투자자를 만날 수 있다. 그러나 기존의 투자자 관리를 소홀히 하면 안 된다. 좋건 나쁘건 간에 정보를 공유하고, 늘 만족할 만한 서비스를 제공해야 한다. 전략적인 타깃을 설정해 투자자를 확보하는 것은 쉬운 일이 아니다. 그들에게 투자의 유인을 제공해 줘야 하기 때문이다.

기업마다 투자자에 대한 전략을 고민해야 한다. 먼저 우리에게 이런 투자자가 필요한지 고민하라. 그들이 주식을 장기간 보유하고 있어야 하는 이유, 주가 하락 시 추가 매수를 통해 백기사의 역할을 할 수 있을지 등을 고민해보자. 아무리 우호적인 투자자라고 하더라도, 신뢰가 깨지는 것은 한순간이다. 고생해서 쌓은 탑이 한순간에 무너진다는 얘기다.

▲ 백기사 역할을 할 수 있는 우호 투자자를 확보하자.

기업의 수명 사이클을 이용한 전략

세 가지 사이클로 본 IR 활동 전략

기업은 저마다 서로 다른 성장 전략을 갖고 발전한다. 기업마다 제품, 연구개발 등의 독특성이 있고 속한 산업의 성숙도도 다르기 때문이다. 이에 따라 저마다 자금 조달 방식도 다를 것이고, 미래 전략에 대한 고민도 다를 것이다. 그렇다면 당연히 IR 전략도 이에 맞게 수립해야 한다.

IR 활동에 대한 전략을 기업의 일생을 나타내는 사이클로 표현하고, 국면별 IR 전략을 제시하고자 한다. 여기서는 기업과 제품에 대해 잘 설명해 놓은 세 가지 유형의 사이클을 갖고 얘기하려고 한다.

첫째, IR협의회에서 발간하는 〈IR FOCUS〉에서 밝힌 '회사의 라이프 사이클 이해하기'를 통한 국면별 IR 전략이다. 기업의 국면을 '스타트업 → 성장 → 성숙 → 쇠퇴 → 재탄생'으로 분류하고 있으며, 단계별로 IR 전략, IR 도전 과제, 투자자 타입, 투자자 스타일, 그리고 예시를 들고 있다.

| 회사의 라이프 사이클 이해하기[5] |

단계	〈스타트업〉	〈성장〉	〈성숙〉	〈쇠퇴〉	〈재탄생〉
IR 전략	경영관리팀 또는 IR 컨설턴트를 통해 IR 실행	IRO 채용, IR 컨설턴트와 협력할 수 있음	다수의 전문가로 구성된 IR 부서	소규모 IR 부서 또는 IR 컨설턴트	IR 부서 성장
IR 도전 과제	회사를 믿는 첫 번째 투자자 찾기	부침을 겪고 있는 회사를 지원하기 위해 올바른 투자자와 파트너십 구축	변동성을 최소화 하고 장기투자자를 유지하기 위한 투자자 기반 모니터링	회사를 공격하고 최적이 아닌 선택을 강요하는 주주들에 대응하기 위한 모니터링	회사의 새로운 시작을 함께할 투자자 설득 및 타깃팅(targeting)
투자자 타입	- 리테일 투자자 - 가족 - 벤처캐피탈 - 전략적 투자자	- 리테일 투자자 - 가족 - 소규모 투자 매니저 - 헤지 펀드	- 연기금 - 대규모 상장지분 증권 매니저 - 지수 펀드, ETFs	- 전문 헤지 펀드 - 투자 매니저 - 전략적 투자자 - 지수 펀드	- 다양한 투자 매니저 - 연기금 - 헤지 펀드
투자자 스타일	적극적 성장투자, 성장투자	적극적 성장투자, 성장투자, 성장주 투자(GARP)	성장주 투자(GARP), 가치투자, 배당투자	배당투자, 가치투자, 딥밸류(deep value) 투자	성장투자, 성장주 투자(GARP)
예시	Cannabis	SaaS	Retail	Coal Mining	Microsoft

둘째, 짐 콜린스Jim Collins 교수의 『위대한 기업은 다 어디로 갔을까』에서 말하는 '몰락의 5단계'를 인용하고자 한다. 짐 콜린스는 기업 사이클

---

5 IR협의회, 'IR 정보', IR FOCUS, 2020년 6월

을 5단계로 구분하고, 국면별로 나타나는 기업이 범할 수 있는 '오만의 현상'을 설명했다. 1단계는 성공으로부터 자만심이 생겨나는 단계, 2단계는 원칙 없이 더 많은 욕심을 내는 단계, 3단계는 위험과 위기 가능성을 부정하는 단계, 4단계를 구원을 찾아 헤매는 단계로 표현했고, 마지막 5단계는 유명무실해지거나 생명이 끝나는 단계로 묘사하고 있다.

| 몰락의 5단계[6] |

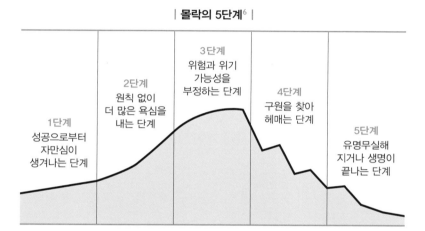

셋째, 잘 알려진 제품 수명주기 4단계 그래프를 소개하고자 한다. 이것은 기업이 '도입기→ 성장기→ 성숙기→ 쇠퇴기'로 진행하면서 펼쳐지는 마케팅 전략 등을 나타내는 대표적인 그래프다.

---

6 짐 콜린스, 『위대한 기업은 다 어디로 갔을까』, 김영사, 2012년

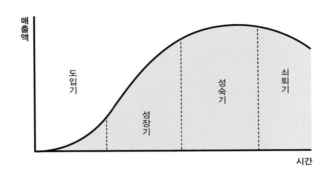

도입기에 들어선 기업

이제 앞에서 살펴본 세 가지 사이클을 바탕으로 각 구간별 IR 전략을 생각해보겠다. 먼저 도입기에 해당하는 기업은 스타트업start-up이다. 이들의 경쟁력은 기술과 아이디어에서 출발한다. 사업에 대한 확장성은 불투명하지만 모두가 자신감이 있다. 그리고 성공에 대한 원대한 꿈이 있다.

그러나 세상은 녹록지 않다. 자금은 늘 부족하고, 수익은 바로 나지 않는다. 제품을 만들어도 시장이 형성될 것이라는 자신감이 부족하다. 이때 창업투자회사를 비롯한 투자자들에게 첫 번째 자금유치funding를 받게 되는데, 보통 '시리즈A 투자'라고 부른다.

이들은 창업자와 비슷한 규모로 투자를 한다. 그래서 상장을 염두에 두고 투자 전략을 구사하기도 한다. 기업에 이익이 나지 않는다고 해서 투자를 받지 못하는 것은 아니다. 바이오 기업을 예로 들어보자. 정부의 정책적인 배려도 있고, 투자자들의 투자 자금도 상대적으로 충분하다. 그래서 도입기 기업이라고 해도 투자자들의 참여가 많다. 그렇다면 이런 바이오 기업들은 어떻게 투자자를 설득했을까? 초창기인 만큼 투자 포인트도 많지 않았을 것이다.

첫째, 향후 시장에 대한 전망이 필요할 것이다. 스타트업이긴 하지만 긍정적인 비전을 보여주는 게 중요하다. 스타트업은 지금 가진 게 없다. 따라서 투자자들에게 앞으로의 비전을 보여줘야 한다.

둘째, 비즈니스 모델을 보여줘야 한다. 즉 어떻게 이익을 창출하며 시장을 확대할 것인지 보여줘야 한다. 아주 획기적인 음료수를 개발한 기업이 있다고 가정해보자. 만약 이들이 근거도 없이 콜라 시장을 모두 대체할 것이라고 말한다면, 투자자들은 이들을 신뢰하지 않을 것이다.

셋째, 현실성이 담보되어야 한다. 투자자들은 말만 듣고 투자하지 않는다. 설득력 있는 가정과 논리가 필요하다. 흔히 스타트업 기업의 IR 자료를 보면, 대표이사 약력, 공장의 계약서, 경쟁사 현황, 창립 배경 등이 많다. 초창기에 투자를 하려는 투자자들의 눈은 매처럼 매섭다. 그들에게 이런 것들은 거추장스러운 미사여구일 뿐이다. 장점을 요약하고, 그것을 부각시켜 그들 마음에 각인시켜야 한다. 이것이 스타트업 IR의 핵심이다.

성장하는 기업들의 요건

성장기가 기업에겐 IR 활동을 마음껏 할 수 있는 시기다. IR의 하이라이트를 모두 볼 수 있는 시기라고 할 수 있다. 기업의 이익은 증가하기 시작하고, 그동안 공들였던 시장에서의 인지도도 높아졌다. 점차 경쟁자가 등장하지만 어느 정도 견제가 가능하다. 실적에 대한 성장성이 경쟁사보다 높은 수준일 수 있고, 독점적 지위의 여부도 IR 포인트의 핵심이 될 수 있다.

또한 성장기에는 이미 시장이 세분화되기 시작한다. 따라서 선택적 수요를 자극시키는 전략이 필요하고, 이것을 어떻게 IR 자료에 담아내느냐가 중요하다. 제품의 가격 역시 스타트업 시기에 구사한 고가의 정책을 유지하기 어렵다. 따라서 시장을 확대하면서 다양한 자료를 통해 경쟁해야 한다.

그럼에도 IR 자료에는 성장성에 대한 얘기가 주로 들어갈 것이다. 또한 수익이 나고 있으니 수익성의 성장을 보여줄 필요가 있다. 수익성은 언제까지 올라갈 수 있을 것인가? 성장하는 기업에는 결국 경쟁자들이 생겨나게 될 것이고, 수익성의 증가는 새로운 기술, 제품, 시장이 나타나지 않는 한 정체기를 목전에 둘 것이다. 따라서 현실적으로 3~5년간의 수익성 증가에 대한 그림을 IR 자료에 담아내는 전략이 필요하다.

짐 콜린스 교수는 이것을 "원칙 없이 더 많은 욕심을 내는 단계"라고 주장한다. 성공에 대한 충만한 자신감과 과도한 집착이 그릇된 오만을 만드는 시기다. 관료주의 시스템이 나타나기 시작하며, 비용 증가에 따른 자기 관리보다는 매출과 가격 인상으로 대응한다고 말한다.

이때부터는 IR에 대한 전문적인 지식을 가진 IRO[7], 전문가들의 영입이 활발해진다. 성장 시기에 나타날 수 있는 여러 가지 장애 요인, 즉 제품에 대한 불안감, 성장에 대한 의구심, 점점 등장하는 경쟁자들은 투자자들의 불안 요인을 증가시킨다. 이에 대응하기 위한 전략과 전문가의 해결책이 필요하다. 이 글을 읽고 있는 당신은 전문가인가? 아니면 되려고 하는가?

성숙기에 진입하는 기업

짐 콜린스 교수가 설명하는 '몰락의 5단계' 중 3단계는 제품 수명주기 사이클의 성숙기에 해당한다고 볼 수 있다. 그는 이 단계를 "위험과 위기 가능성을 부정하는 단계"라고 설명했다. 나 역시 이 말을 지지한다. 제품은 이미 널리 알려졌고 소비자들에게 인지도가 높아졌다. 비슷한 경쟁자들은 시장을 잠식하려고 여러 부분에서 새로운 아이디어를 내고 있다. 매출은 상승하고 있지만, 여러 가지 혁신을 통해 개선하지 않으면 마진을 유

---

7 대기업의 경우 IRO(Investor Relation Officer)와 CFO(Chief Financial Officer: 재무담당 최고책임자)를 분리해서 운영하는 경우가 많다. 왜냐하면 기업 내 CFO의 역할이 중대하므로 IR과 관련한 업무를 IRO에 일임할 수 있기 때문이다. IRO는 IR 부서장이 맡는 것이 맞다고 생각한 다.

지할 수 없다.

짐 콜린스 교수는 몰락의 3단계 징조를 몇 가지 언급한다. 먼저 긍정적인 징조는 확대하고, 부정적인 징조는 축소한다. 실증적인 증거 없이 과감한 목표를 세우고 크게 투자한다. 모호한 데이터를 기반으로 큰 위험을 초래할 수 있는 일을 단행한다는 것이다. 이것이 가능한 이유는 2단계에서 겪어온 성공 체험이 있기 때문이다. 성숙기에 접어들면 실로 치열한 경쟁체제가 갖춰져 있느냐가 투자자들의 관심사다.

"기술 개발을 통해 단가를 어떻게 낮출 것인가?" "고정비를 어떻게 낮추고 변동비를 관리할 것인가?" 등은 재무관리자의 관리 사항이다. 브랜드 이미지는 이미 성장기를 통해 고객들에게 인지되어 있다. 이제는 이를 유지시키고, 강화시키는 게 관건이다.

IR 관점에서는 성장을 담보할 수 있는 수주의 잔고가 어느 정도 되는지, 매출을 구성하는 각 제품의 성장성은 유지되고 있는지가 중요한 요소다. 즉 수주의 증가 규모, 매출의 성장 속도, 주력 제품에 대한 지속적인 성장 여부 등이다. 어떻게 경쟁에서 살아남을 것인가? 이에 대한 전략이 IR 활동의 승부수가 된다. 우리가 국내 최대의 모 전자회사처럼 분기에 10조 원 이상의 이익을 내면서 이 경쟁에서 살아남고 있는지, 아니면 매출액 대비 영업 이익률의 추이가 꺾이지 않으면서 성장할 수 있는 비전을 시장에 제시하고 있는지 생각해보자.

한편 원가는 어떻게 낮출 수 있는가? 이에 대한 전략이 현실적이지 못하다면, 기업은 이미 전략적 제휴나 M&A 등을 통해 이 난관을 극복하려고 애쓸 것이다. 비전을 시장에 얘기해줘야 한다. 이것이 IR 포인트가 될 것이다.

또한 성숙기에 접어들면 환경 문제 등 비재무적 요소에 대한 관심도가 높아진다. 왜냐하면 재무적인 요소들에 대한 안정성은 이미 높아졌기 때문이다. 재무적인 안정성이 높아졌다는 의미는 부채 비율을 비롯한 안정성 지표나 매출액 성장률, ROE, ROI 등 각종 재무 지표가 관리되고 있음을 의미하는 것이다. 따라서 사회책임 투자나 ESG와 같은 비재무적인 요소에 대한 관심도가 높아진다. 이 같은 재무적, 비재무적인 요소에 대한 활동은 IR 활동에 있어서도 좋은 재료가 될 수 있을 것이다.

성숙기에 접어들었고, 상장된 기업이라면 주가에 대한 고민이 많을 것이다. 왜냐하면 미래에 대한 불안감이 보이기 시작하는 성숙기에는 쇠퇴기를 염두에 둬야 하기 때문이다. 투자자들은 배당에 대한 목소리를 높이고 있고, 성장을 유지할 수 있는 전략을 내놓으라고 소리치고 있다. 이미 들어와 있는 연기금, 대형 자산운용사 펀드들은 자신들의 투자 전략이 기업과 맞는지 끊임없이 탐색한다.

이 시기에 당신은 IR 부서에서 촉망받거나 핵심 담당자가 되어 있어야 한다. 그렇지 않으면 다른 전문가에게 이 역할이 넘어갈 것이다.

쇠퇴기에 접어든 기업

　마지막으로 쇠퇴기에 접어든 기업의 IR 전략을 생각해보자. 먼저 쇠퇴기에 봉착한 기업의 특징은 무엇일까? 매출액과 이익은 전례 없이 감소하기 시작했고, 이미 경쟁 속에서 서서히 영향력을 잃어가고 있을 것이다. 자금의 조달 역시 성장, 성숙기에 가능했던 주주배정 방식이나 주주우선 공모 후 실권주 일반공모 등의 방법보다는 할인율이 높은 일반공모 방식이 더 선호될 것이다.

　결국 기업 가치 하락이 지속되는 상황에서 기업은 매각이냐, 새로운 성장 동력을 찾느냐의 기로에 서게 된다. 어떻게 IR을 해야 할까? 어렵다는 것을 숨겨야 될까? 투자에 대해 함구해야 하나? 결국 어떤 방법을 택하더라도 시장은 그 효율성[8]에 맞게 반응할 것이다.

　IR을 잘한다는 것은 숨기는 것이 아니다. 적극적인 대처가 오히려 약이 될 수 있다. 수동적인 IR은 IR에 대한 해석을 투자자들에게 맡긴다. 이건 투자자들에게 괜한 오해를 받기 십상이다. 그러나 적극적인 IR은 투자자들이 기업의 의도대로 IR을 해석한다. 불필요한 오해는 사라진다.

　어려움을 어떻게 극복할지 기업의 솔루션을 만들고, 그것을 시장과 소통하라. 대주주가 기업을 매각하는 게 왜 나쁜 것인가? 기업이 성장하

---

8 시장의 효율성은 주로 운용, 배분, 정보의 효율성 중 정보의 효율성을 갖고 얘기한다. 정보가 얼마나 시장에 반영되느냐에 따라 강형, 준강형, 약형으로 나뉠 수 있다. 우리나라는 준강형에 속한다는 논문이 다수이며, 이것은 재무제표나 기존의 외부 정보로 초과수익을 낼 수 없다는 것을 의미한다(김철중, 『재무관리』, 탐진, 2010년).

▲ M&A는 기업의 새로운 성장 동력이 될 수 있다.

기 위해 M&A를 하는 것은 너무나 당연한 것이다. 매각하지 않고 폐업하는 게 더 나은가? M&A는 또 하나의 성장 동력이 될 수 있다.

듀폰dupont은 화약을 제조하는 기업으로, 대중적인 이미지가 좋지 않았다. 제1차 세계대전 때는 폭약 제조로 죽음의 상인[9]이란 말을 들을 정도였다. 듀폰은 이미지 개선을 위해 많은 노력을 기울였고, 나일론 개발에 성공한다. 나일론은 당시 해지기 쉬운 양말을 신던 사람들에게는 외계인이 가져다준 선물과도 같았다. 실크보다 부드럽고 해지지 않는 스타킹을 사기 위해 1946년 6월 피츠버그에서는 40만 명이 2km의 줄을 섰다고 한다.

이렇게 성장하는 듀폰도 위기에 직면하게 되었으니, 그건 바로 '무좀'이었다. 나일론 스타킹을 신은 사람들이 피부병이 나기 시작했던 것이다.

---

9 죽음의 상인은 다이너마이트를 개발한 노벨에게도 붙여진 별명이었다.

그러나 이 실은 낙하산의 소재로 사용됨에 따라 재성장의 사이클을 옮겨 타 위기를 벗어날 수 있었다.

여러분의 기업은 지금 어떤가? 사업이 이런 사이클로 옮겨 탈 수 있는가? 옮겨 탈 수 있는 사업이 없다면 기업을 매각해야 할까? 어차피 자금 조달은 어려워질 것이다. 결국 기업이 이 단계에서 어떤 의사결정을 하고, 어떤 IR 전략을 세워야 할지 결정해야 한다.

중요한 것은 IR 담당자를 비롯한 기업의 경영진이 투자자에게 비전을 제시해야 한다는 것이다. 향후 방향성에 대한 비전, 그리고 새롭게 성장할 수 있는 사업에 대한 비전 등이 가장 중요한 IR 재료가 될 것이다. 짐콜린스 교수는 쇠퇴기를 4단계, 5단계에서 설명하고 있다. 이 단계에서 변하지 않는다면 정말 끝인 것이다.

M&A 이후 당신은 살아남을 수 있을까? 이미 고임금, 고학력에 고직급자가 아닌가? 당신 손에 무엇을 들고 있는가? 살아남으려면 한 손에 지식, 그리고 다른 한 손엔 당신을 응원하는 투자자들이 있어야 한다. 즉관계만이 남아야 한다. 당신 손에는 지금 무엇이 남아 있는가?

코로나19의 교훈

코로나19가 기업에게 주는 교훈

위기는 어떤 사람에겐 피해지만, 또 어떤 사람에겐 기회가 된다. 위기는 패장敗將과 영웅英雄의 탄생을 알리는 시간이기도 하다. 중국 춘추전국시대와 삼국시대를 생각해보라. 나라가 사분오열되어 난세라고 불렸으나, 수많은 영웅이 탄생했다. 분명 코로나19는 위기였다. 그러나 이 시기에도 영웅들이 있었다. 백신 개발자와 의료계에 계신 분들이다. 이들의 노력은 사회적인 명망과 경제적인 대가로 돌아왔을 것이다.

기업 역시 마찬가지다. 위기를 피해 갈 수 있는 새로운 모델을 발견할 수 있다면 또 다른 성장의 기회가 될 것이다. 코로나19는 우리에게 많은 근본적인 질문을 던졌다. 늘 만날 수 있었던 가족과 떨어져야 했고, 당연하게 여기던 것들을 하지 못하게 되었다. 우리에게 정말 가치 있는 것은 무엇인가? 코로나19는 기업에게도 많은 교훈을 줬다. 여기서는 세 가지 정도만 얘기하고자 한다.

첫째, 우리에게 가치 있는 것이 무엇인지 다시 한번 깨닫게 했다. 평생 사랑한 사람이 죽어가고 있는데도 우리는 그저 창문 너머로 바라볼 수밖에 없었다. 그리고 감추고 싶었던 내 생활 동선이 모두 노출되어 더 이상 비밀로 남지 못했다.

기업과 IR 활동에 있어 가치 있는 것이 무엇일까? 1,000억 원의 이익을 내는 기업이 1억 원을 더 벌겠다고 지지고 볶는 게 가치 있는 것인가? 아니면 상생을 통해 모두 같이 살자고 하는 게 가치 있는 것인가? 뭐가 더 옳다고 말하지는 못하겠다.

다만 가치 있다고 생각하는 것을 더 이상 미루지 말고, 즉시 행동에 옮기는 결정이 필요하다. IR 활동에 있어 가치 있는 것은 투자자와 관계를 유지, 발전시키는 것이다. 새로운 투자자를 만나고, 그들에게 회사의 비전을 설명하고, 그들의 투자가 잘 된 것이라는 걸 끊임없이 인식시켜야 한다.

코로나19 상황에서 투자자와의 만남을 게을리했다고, 탓할 사람은 없을 것이다. 그러나 본인이 문제의식을 갖고 노력하지 않는다면, 기업이나 IR 활동은 퇴보할 수밖에 없다. 그리고 그 결과는 주가 변동으로 나타날 것이다.

둘째, 이런 상황에서도 누구는 성공하고, 누구는 실패한다. 영업 제한이 지속되는 상황에서 골목상권을 비롯한 모든 상업활동이 타격을 받았다. 그러나 붐비는 곳은 있고, 돈 버는 상점은 있다. 이건 업종과 관계가 없다. 음식, 숙박, 스포츠 등의 부진과 IT, 온라인 유통, 바이오 업종의 호황은 이미 기업 실적에 반영되고 있다. 아무리 어려워도 잘되는 집은 있다.

자동차 관련 업체를 예로 들어보자. 환경 문제의 대두로 각국에서 화석연료를 이용한 자동차의 개발을 축소시키고 있다. 그리고 전기차의 개발을 서두르고 있다.[10] 이를 반영하듯 전기차 생산업체인 테슬라의 주가는 오르고 있다. 실패의 하락 곡선은 M&A나 새로운 아이템의 등장을 통해 반전될 수 있으며, 시간이 지나면 해결될 것이다. 따라서 IR 활동은 그 곡선의 종지부를 찍을 때까지 계속되어야 한다.

셋째, 건강이 중요해졌다. 건강의 핵심은 지속 가능성에 있다. 거기에 경제가 붙으면 삶은 좀 더 윤택해진다. 기업의 지속 가능성은 무엇인가? 그것은 성장성과 이익에 국한되어 있지 않다. 그래서 지속 가능한 경영에 대한 중요성은 오래전부터 대두되었다. 이익과 성장에 집중하는 경영진에게 끝없는 상황의 변화를 인식하고, 이해관계자들의 움직임에 주목하라고 요구하는 것이다.

부자와 거지의 차이는 무엇일까? 그 차이는 '지속성'의 여부에 달려 있다. 하룻밤에 천만 원을 지불하는 초호화 호텔도 거지가 묵을 수 있다.

---

10 세계적인 자동차 제조업체 GM은 2035년까지 휘발유와 디젤엔진 자동차의 생산 및 판매를 중단하고, 2035년 이후 전기차만 생산한다고 밝혔다.

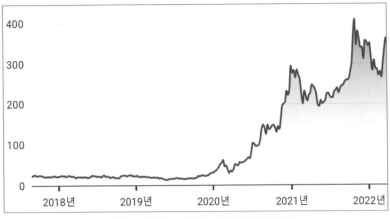

▲ 테슬라의 주가는 2021년 8월 13일 기준으로
1년간 117%의 상승률을 기록했다.

그러나 지속적일 수는 없을 것이다. 기업이 지속적인 성장이 가능하고, 이해관계자들에게 긍정적인 영향력을 미치고 있다면 그것은 건강한 것이다. 코로나19의 환경은 기업이 과연 이 같은 환경에서 지속 가능한 경영을 할 수 있는지에 대한 심각한 고민을 하게 만들었다.

비대면의 정착

IR 활동이란 원래 시도 때도 없는 것이다. 왜냐하면 기업은 살아있는 생물과도 같기 때문이다. 2020년 초반, 코로나19가 확산되며 IR 활동을 어떻게 할지 고민이 많았었다. 계획되어 있는 미팅은 취소되기 시작했고,

외부로의 활동 역시 대부분 제한되기 시작했다. 그리고 우리의 생활뿐만 아니라 세계 경제가 움츠러들기 시작했다. 뉴욕 선물시장에서 '서부 텍사스산 중질유WTI'의 인도 가격이 마이너스가 됐으니 난생 처음 보는 게 많기도 했다.ⅠⅠ

사실 난 2020년 1월 코로나19가 시작될 무렵 냅다 서점으로 뛰어가 알베르 카뮈Albert Camus의 『페스트』를 사서 읽었다. 비록 소설이지만 사람들이 겪었을 공포, 생활, 그리고 경제 활동은 잘 표현되어 있으리라 생각했기 때문이다. 흑사병은 쥐가 매개체였고, 유럽 인구의 20% 내외가 사망했을 정도로 위협적이었다고 하니 이런 세상에서 무슨 제대로 된 경제 활동을 기대할 수 있었을까?

맷 데이먼Matt Damon과 케이트 윈슬렛Kate Winslet 등 호화 출연진이 주연한 영화 〈컨테이젼〉은 2011년에 제작됐지만 지금의 현실을 그대로 반영한 영화였다. 이렇게 현재의 상황을 좀 더 세밀하게 느끼고 싶었지만, 그럴 여유도 없이 코로나19의 부정적 영향은 모든 삶을 옥죄이며 다가왔다.

나는 코로나19가 IR 활동을 위축시켰다고 생각하지 않는다. 오히려 새로운 장르를 열었다고 생각한다. 지난 2년을 돌아보면 IR 활동은 초기에 잠깐 줄었을 뿐, 오히려 증가했다. 비대면으로 모든 활동이 활성화되었고, 이에 필요한 소프트웨어, 미팅의 형태 등이 빠르게 발전했다. 회의체

ⅠⅠ 실제로 뉴욕 선물시장에서 '서부 텍사스산 중질유(WTI)'의 2020년 4월 20일 거래가격(종가)은 −37.63달러였다.

운영에 있어서도 마찬가지다. 이사회를 비롯한 경영 의사결정에 필요한 회의체의 실시도 비대면 소프트웨어나 전화 컨퍼런스콜을 통해 운영되고 있다.

실제로 이런 회의체를 운영하기 위해 많은 시간과 비용을 길바닥에 내버리고 있지만, 비대면을 통한 회의체 운영은 더 많은 풍성함을 제공해주고 있다. 비용과 시간이 절약되는 만큼 더 많은 정보를 다양한 방법으로 제공할 수 있는 것이다. 사전 설명회를 실시하거나 충분한 의사결정에 필요한 정보를 이사진에게 제공할 때 좀 더 올바른 결정이 내려질 수 있다.

가장 현명하지 못한 것은 이 같은 생활의 변화를 인정하지 않고, 그대로 과거의 방법을 답습하는 것이다. 우린 이것을 보수적이라고 말하지 않는다. 그저 현실에 적응하지 못하는 하나의 불행한 행태라고 표현할 뿐이다.

경제적이고 효율적인 방법으로의 이전

한 가지 더 생각해보자. 코로나19로 인해 IR 환경이 더 불편해졌을까? 투자자를 만나는데, 더 힘들어지고 비용 발생이 많아졌는가? 기업에서는 이 같은 상황을 타개하기 위해 예산을 더 많이 책정하고 있는가? 결코 그렇지 않다. 코로나19는 비대면이라는 환경을 우리 삶에 완전히 고착화시켰다. 이젠 비대면에서 거래가 나오고 돈이 나온다. 그리고 정보가 나오고 비전이 제시된다. 이제 서로의 확신에 찬 눈을 바라보고 거기에서 안도감을 느끼던 시대는 지나갔다.

그래서 우리는 IR 활동을 하는 데 있어 더 논리적이고 설득력이 있어야 한다. 과거와 같은 논리 전개로는 투자자를 설득시키는 것에 한계가 있을 것이다. 왜냐하면 스킨십이 부족해졌기 때문이다. 서로를 바라보면서 나타나는 신뢰감은 좀 더 상실될 수밖에 없다. 더 논리적이고 다양한 시각에서의 설득이 필요해진 것이다.

대표적인 비대면 회의 프로그램인 줌zoom이나 웨백스webex를 예로 들어보자. 이 프로그램들은 더 많은 시각 효과를 구현할 수 있고, 대면에서 보여줄 수 있는 환경도 제공해준다. 더 많은 투자자를 한 공간에서 만날 수 있는 것이다. 얼마 전, 어느 증권사에서 비대면 기업설명회를 실시했다. 이때 우리는 60명의 투자자를 한 공간에서 만날 수 있었다.

이보다 더 편하고 효율적일 수 있을까? 이것이 코로나19가 우리에게 준 생활의 변화다. 직접 만날 순 없었지만, 일은 더 효율적이고 양도 많아졌다. 우리가 제공할 수 있는 재료가 더 많다면, 주가는 더욱 효율적으로 반영될 수 있을 것이다.

과거 비대면은 대면의 대체재나 보완재로서 준비되었다. 대면으로 진행이 안 되면 어쩔 수 없이, 그것도 상대방에게 양해를 구해가며 사용했던 방식이다. 지금은 정반대다. 모든 것을 비대면으로 해도 낯설지 않고, 꼭 필요한 부분에서만 대면 방식을 사용한다. 이것이 점점 자연스럽게 느껴지는 지금, 우리는 새로운 변화의 즐거움을 맛보고 있다.

어렵다고 생각할 때 더 적극적으로 하라

코로나19는 기업, IR 담당자, 투자자 모두가 힘든 시기를 보내게 만들었다. 기업은 코로나19로 인해 업무 환경, 실적 등 많은 부분이 바뀌었다. IR 담당자는 이런 기업의 변화에 발맞춰 IR 활동을 하기 위해 머리를 싸맸을 것이다. 투자자는 코로나19가 기업에 미친 영향이 크니, 어떤 기업에 투자해야 할지 어려움이 많았을 것이다. 그 누구도 코로나19 상황하에서 확신할 수 없었다.

이런 때일수록 적극적인 IR 활동이 필요하다. IR 활동은 투자자들에게 비전을 제시하는 활동이다. 불확실한 상황 속 이들에게 비전을 확실히 제시해준다면, IR 활동은 기업 미래에 대한 해석의 주체로서 역할을 하게 될 것이다.

그러나 수동적인 IR 활동(나는 '적극적'의 반대를 '수동적'이라고 생각한다)은 미래에 대한 해석을 투자자에게 맡기는 것이다. 투자자가 기업을 판단하고 해석하게 한다면, 그것은 분명 실패하거나 불안한 IR 활동일 것이다. 그래서 어려운 시기일수록 적극적으로 대처해 우리가 원하는 환경으로 변화시킬 필요가 있다.

6장

변화를 감지해 업무의 지평을 넓혀라

변화라는
새로운 옷을 입자

IR Myopia[1]

기업이 영속하는 한 투자자를 만나지 않는 경우는 없다. 대주주가 100%의 지분을 보유하고 있어도, 경영진이 볼 때는 100% 지분을 가진 투자자다. 상장사냐 비상장사냐의 여부에 관계없이 기업은 투자자의 굴레를 벗어날 수 없다. 경영자는 기업 가치를 제고하려는 노력과 투자자와 이해관계자의 눈높이 사이에서 끊임없이 고민하며 의사결정을 한다.

---

[1] 본 개념은 하버드 대학교 교수 테오도르 레빗(Theodore Levitt)이 1975년 〈Harvard Business Review〉에 발표한 논문 'Marketing Myopia'에서 제시한 개념을 착안해 사용했다. 그는 논문에서 근시안적 시각을 가진 기업이나 조직은 오래갈 수 없다고 주장했다.

IR은 투자자를 관리하고, 공시 업무를 수행하고, 이사회 등 회의체를 운영하는 활동이다.

여기서 우리가 생각하는 변화나 진보가 무엇인지 생각해보자. 오프라인에 치중하던 업무들이 온라인으로 확장되었고, 기업 보고서 발간과 커버하는 담당 애널리스트 수가 늘었다. 그러면 우리는 진보한 것인가? 사실상 늘 하던 것에서 변화한 것은 없다.

노력해서 소형차가 중형차로 바뀌긴 했지만, 승용차란 사실이 바뀌진 않았다. 이렇듯 우리가 생각하는 IR 활동의 개념을 정해진 테두리 안에서만 정의하고 살아간다면, 이 조직은 오래갈 수 없을 것이다.

따라서 생각을 더 확장해야 한다. 투자자를 관리하는 것에서 벗어나 모든 조직으로 관계를 확대해야 한다. 주주총회, 이사회 등 회의체를 운영하는 것도 관계의 하나이고, 공시 업무 역시 시장과 소통하는 방법 중하나다. 기업 가치를 제고한다는 목표를 가진다면, 그 의미는 더욱 확대될 것이다. ESG 관련 업무를 관장해야 하고, M&A, 투자 업무에 관여해야 할 것이다.

근시안적 사고에서 벗어나기 위해서는 우리의 체질을 바꿔야 한다. 변화는 지식과 노력에서 나온다. IR 담당자들이 끊임없이 고민하고 연구해야 하는 이유다. 근시안적인 업무를 수행하다 보면 착각의 늪에 빠지는 경우가 많다. 공시를 잘했다고 칭찬하는 것은 거래소뿐이다.[2] 경영진이나

---

2 한국거래소는 해마다 공시우수법인을 선정해 시상한다. 공시담당자가 겪을 수 있는 유일한 기쁨의 순간이다.

투자자 모두 그 중요성을 인식하기 보다는 사고가 없길 바라고, 공시 업무를 수행하는 직원도 잘해야 본전인 업무가 되기 십상이다.

사람은 누구나 잘해야 본전인 업무보다는, 못해도 본전인 업무를 하고 싶어 한다. 근시안적 사고에서 벗어나야 하는 이유가 여기에 있다. 이제 IR 담당자들은 지식과 관계라는 거인의 목에 올라타서 더 넓은 세상을 바라봐야 한다.

새로운 환경에 직면한 IR 활동

IR 활동의 새로운 환경은 코로나19가 가져왔다. 타의적으로 변화를 강요받았다는 것이다. 사회 전반적으로 다가온 변화가 분야에 따라 흥망을 결정짓고 있다. 2021년 상장 기업의 실적을 업종별로 분석해보면, 정유, 철강, 자동차, 조선의 약세, 가전, 게임, 플랫폼, 식품의 강세로 요약된다.[3]

모두가 어려운 환경이지만 약진하는 분야는 늘 있다는 것이다. IR 환경은 어떨까? 코로나19 발생 초기에는 대면 중심으로 진행해온 IR 활동이 감염병 확산에 따라 크게 위축될 것 같았다. 그러나 대부분 비대면 미팅으로 전환된 현 시점에서 미팅의 수는 오히려 증가했다.[4]

---

3 박해나, '시총 50대 기업 실적 보니…코로나19로 중후장대 휘청 경박단소 호조', 비즈한국, 2021년 2월 18일
4 IR협의회, '코로나19 상황에서 Buy-side와 보다 효과적으로 소통하는 방법', IR FOCUS, 2021년 7월

계산하기 어렵겠지만 대면을 위해 투자되었던 시간과 비용 모두 절감되는 효과를 누리고 있다. 그렇다면 코로나19의 종식 이후 비대면 미팅은 줄어들까? 개인적인 견해로는 대면 미팅은 다시 증가하겠지만, 예전의 수준으로 돌아가지는 않을 것 같다. IR 부서는 새로운 환경에 적응하는 것을 넘어 먼저 앞장서 나가야 한다. 우리가 기업의 경영 활동에 있어 최전선에 있는 부서라는 것을 잊지 말자.

인터넷 환경은 정보의 효율성을 매우 높였다. 정보의 효율성이 높다는 것은 그만큼 주식 시장이 효율적이라는 말과 관계가 깊다. 효율적 자본 시장은 새로운 정보가 매우 빠른 속도로 가격에 반영된다. 따라서 현재 가격은 가능한 정보를 모두 반영한 가격이다.

과거에는 정보 습득을 신문과 같은 인쇄물에 의지할 수밖에 없었다. 그래서 정보는 비대칭적이었고, 정보에 따른 부의 흐름도 왜곡되고 편중될 수밖에 없었다. 금융당국의 끊임없는 노력과 인터넷 기술의 발달은 투자자에게 정보를 더욱 빠르고 정확하게 전달했다.

투자자들은 전광석화처럼 움직이는 세상에서 불평등한 정보의 습득으로 인해 가져올 수 있는 손실을 최소화할 수 있다. 더욱이 공시 제도는 투자자들에게 많은 정보를 알기 쉽고 공정한 시간에 얻을 수 있도록 해준다. 수시공시뿐만 아니라 공정공시는 기업들에게 운영의 편의성을 제공해준다. 무조건 말하기 어렵다고 하기보다는 공정공시를 통해 경영 환경에 대해 가이드라인을 제시해주자. 담당자들은 그 틀 안에서 얼마든지 자유롭게 얘기할 수 있을 것이다. 이것은 불편한 게 아니라, 우리 모두를 보호해주는 것이다.

주주들에 대한 태도는 어떤가? 대부분의 주주는 저마다 한 표에 가치를 담아 의결하지만, 그 수는 대주주에 비해 턱없이 부족하다. 대주주나 다수자의 결정에 따를 수밖에 없는 것이다. 그러다 보니 기업과 대주주의 이익 중심으로 의결되기 쉽다. 사회적이고 환경적이며, 지배구조 측면에서 중요한 사안을 놓칠 수 있는 것이다.

이제는 의결권에 따른 의사결정 외에도 생각하거나 고려해야 할 사항들이 많아졌다. 경영자들이 이것을 놓친다면 오히려 사회적인 공격에 직면할 것이고, 기업 가치를 올리기 위해 결정한 사안이 심각한 반대를 낳을 수 있다.

과거 거수기에 불과하다는 지적을 받아온 사외이사들도 이제는 기업 가치 제고에 진지한 논의를 하고 있고, 이것이 의사결정으로 나타나고 있다. 이해관계가 있는 것으로 추정되는 사외이사의 수나 독립성이 의심되는 사외이사의 수는 매년 그 비중이 감소하고 있다.[5]

또한 기관투자자의 반대 의결권 행사의 증가는 기업 가치 증가에 영향을 미치고 있다. 그들의 거부권은 점차 증가하고 있고, 이것은 주가 변동으로 이어지고 있다.[6]

기관투자자들은 스튜어드십 코드의 강화로 투자 기업에 대해 적극적

5 이수정, '사외이사 및 감사의 독립성 분석', 경제개혁연구소, 2018년
6 이윤아 외, '이사회의 독립성 개선 여부에 따른 기관투자자의 반대 의결권 행사의 실효성', 한국증권학회, 제46권 제1호, 2017년 2월

인 의사를 표현하고 있고, '주주 부의 극대화'만을 염두에 두려고 하지 않는다. 이사회 운영에도 많은 변화가 생기고 있다. 최근에는 상법 개정으로 인해, 이사회 구성에 동일한 성으로만 구성하지 못하도록 규정하고 있다.

물론 이사들의 책임에 대해서도 그 한도를 명확하게 규정하고 있는 등 시대적인 변화에 맞춰 옷을 입고 있다. ESG 관련 회의체에 대한 운영도 IR 부서에서 업무를 맡고 있다. 이 같은 변화에도 불구하고 과거의 경험만을 고집한다면, 부서뿐만 아니라 기업 가치가 떨어질 수 있다.

디지털 카메라를 제일 먼저 만든 기업이 어디였는지 생각해보자. 디지털 카메라는 아이러니하게도 코닥kodak의 엔지니어였던 스티브 세손Steve Sasson이 만들었다. 그가 몸담은 코닥은 카메라 필름을 만드는 세계 1위 기업이었다. 디지털 카메라 보급에 따른 필름 시장의 쇠락을 우려해 디지털 카메라의 상용화를 주저했다.

▲ 코닥은 변화에 대처하지 못해 결국 파산했다.

결국 코닥은 변화에 대처하지 못했고, 2012년 파산하기에 이른다. 따라서 변화에 민감할 뿐만 아니라 잘 이용해야 한다. IR 담당자는 기업과 시장의 접점에 있는 사람이다. 세상의 변화에 가장 빠르게 대처할 수 있는 자원이 되어야 한다.

IR 부서는 전략적 비즈니스 자산이다

어린아이가 보채며 울고 있을 때 이를 바라보는 할머니의 얼굴에는 웃음이 가득하다. 왜 울고 있는지, 그리고 어떻게 하면 웃을 수 있는지 잘 알고 있기 때문이다. 뒷짐을 지고 있는 할머니의 손에는 막대사탕이 있으니 이 아이의 울음은 곧 그칠 것이다.

기업에 갑작스러운 어려움이 닥칠 때 우린 어떻게 헤쳐 나가는가? 내부의 역량으로 해결한다면 더없이 좋을 것이다. 그러나 그렇지 못한 경우에는 외부의 도움을 받을 수밖에 없다. 외부의 도움을 받는다는 건, 생각해보면 내부의 역량이 부족하다는 걸 뜻한다. 또는 이런 문제에 대해 평소 고민하던 부서가 없었다는 걸 보여준다.

IR 부서는 내부적으로 기업의 모든 영업 네트워크를 활용해 실적 추이를 들여다보는 곳이다. 밖으로는 우리를 바라보는 투자자를 비롯한 이해관계자의 생각, 의사소통 채널, 소통 방식을 잘 알고 있는 부서다. IR 부서만큼 역동적이고, 실질적인 네트워크를 소유하고 있는 부서도 많지 않다. 그래서 IR 부서는 전략적으로 성장해야 할 비즈니스 자산이다.

우리 회사 내부에는 어떤 사건에 대한 솔루션을 갖고 있는 부서가 있는가? 기획, 전략, 관리 부서들은 비슷한 일을 수행하지만, 정작 시장과 관련된 일에 있어서는 취약할 수 있다. 그 고민이 각각 다르기 때문이다.

예를 들어 M&A에 직면해 있거나 투자자들의 집요한 요구가 있을 때, 어떻게 해결하고 있나? 시장의 M&A에 대한 요구는 난해한 것이 아니라 직접적이다. 대부분 오너나 경영진의 결단을 요구하는 것일 수 있다. 그래서 대부분의 내부 부서가 검토를 하지만, 직관적이지 못하고 산만해진다. 고양이 목에 방울을 매다는 게 쉽지 않기 때문이다.

IR 부서는 전략적으로 운용되어야 한다. "지금 주식 시장 또는 투자자들은 우리를 이렇게 보고 있습니다. 그래서 이렇게 해야 한다고 말하고 있습니다." 이것을 보고하는 게 어려울 수도 있을 것이다. 그러나 IR 부서의 역할이자 숙명이다.

제너럴일렉트릭이 IR이란 용어를 사용한 게 1956년부터라고 한다. IR 부서는 이미 두 세대[7]를 넘겼다. IR에 대한 근시안적인 사고를 버리고, 새로운 변화를 맞이하는 용기가 필요하다.

---

7 일반적으로 한 세대는 30년을 의미한다.

기업의 경쟁력 확대에 기여하라

아수라 백작의 전략

내가 어렸을 땐 취미생활이란 게 별로 없었다. 오징어 게임, 구슬치기, 망까기(비석치기)처럼 흙바닥에서 놀던 것 말고는 고작 고상하다는 게 우표 수집 정도였다. 우표 발행일 새벽 통금 시간이 지나면 부랴부랴 우체국 문 앞에 가서 줄을 섰던 기억이 생생하다. 오후 6시부터 시작하는 TV 방송을 시청하기 위해 주변을 맴돌았고, 만화 영화를 보기 위해 좋은 자리 잡는 게 하루 중 가장 큰 일이었다. 지금도 기억나는 만화는 〈요괴인간〉 〈마징가Z〉 〈톰과 제리〉 정도다.

〈마징가Z〉에는 아수라 백작[8]이란 인물이 등장한다. 그는 한 개의 얼굴이지만 두 개의 모습을 가진 악역이다. 남자 또는 여자의 모습을 하지만 악역이라는 본질이 변하지는 않는다. 그리고 항상 정의에 의해 패배하고 이를 악물고 도망간다.

IR 활동은 이런 아수라 백작의 모습과도 같다. 투자자를 염두에 둔 시장과의 소통, 기업과의 소통이 쉴 새 없이 일어나기 때문이다. IR 활동은 투자자를 만나 소통하고, 기업 내부에 투자자의 인사이트insight가 무엇인지를 전달해 기업의 경쟁력 제고에 활용한다.

인사이트는 '통찰' 본질을 꿰뚫어 보는 것' '자극하다' '선동하다'란 의미를 갖는다. IR 활동에 있어 인사이트는 주식 시장의 목소리를 기업 내부에 정확하게 전달함으로써 사업의 경쟁력을 강화해 기업 가치를 제고시키는 활동으로 해석할 수 있다. 즉 '투자자의 가치관이나 행동 방식을 꿰뚫어 보고 이를 기업의 사업 영역에 반영해 종국적으로는 기업 가치를 제고시키는 것'으로 정의할 수 있다.

IR 부서원은 다양한 인적 네트워크를 확보해야 하며, 금융업과 기업에 대한 전문적인 지식을 갖고 있어야 한다. 왜냐하면 이들은 커버리지가 넓은 전략적 비즈니스 자산이기 때문이다. 그리고 주식 시장에서의 기업에 대한 요구 사항을 정확하게 파악할 수 있는 관문이 되고, 기업의 지배구조, ESG 경영, M&A 검토 등을 가능하게 할 핵심적인 인적 자원이기 때문이다.

----

8 만화 영화 〈마징가Z〉에서 나오는 캐릭터다. 닥터 헬의 부하로, 폼페이 화산에서 숨진 남녀의 시체를 합쳐 만들어낸 양성 인간이다.

IR 활동의 범위는 어디까지인가?

IR 활동은 기본적으로 기업이 주주나 투자자를 대상으로 실시하는 활동이다. 그렇다면 인사이트 활동은 업무 외 영역이라고 할 수 있다. IR 부서는 왜 이런 활동을 해야 할까? 한번 생각해보자. 주식 시장의 목소리는 누가 내부로 전달하는가?

근본적으로 주식 시장의 목소리는 무엇인가? 외부의 목소리는 기업 가치 제고를 위해 어떤 변화가 필요한지 알려준다. 이런 시장의 목소리를 청취하는 것도 IR 부서가 유일하다. 그리고 이걸 기업 내에 전달하는 것도 IR 부서다.

이런 상호작용 활동이 유기적으로 이뤄진다면, 그 기업의 가치는 분명 제고될 것이다. 시장은 냉정하고 합리적이다. 그래서 투자자가 바라보는 관점은 기업 가치에 있어서도 긍정적일 것이다. 이것을 어떻게 받아들일 것인가?

사실 이런 예는 무수히 많다. 주식 시장의 요구는 사업 구조의 변화, 중요한 영업 활동의 활성화 요구, 재무 구조의 변화, 자사주 매입 등 다양하다. IR 담당자는 이것을 소화시킬 수 있는 역량이 될까? 많은 기업을 다녀봤고, 이런 제언도 해봤지만 IR 담당자의 스타일은 몇 가지로 압축되는 것 같다.

"내가 얘기해서는 듣질 않아요."

"그런 건 사장님께 직접 얘기해보세요."

"저희도 그걸 검토 중에 있습니다."

대부분 경영진에게 보고했고, 그 내용을 알고 있다는 식이었다. 아무리 얘기해도 받아들이지 않으니 할 필요가 없다는 것이다. 계속 얘기해봐야 주변에서 나댄다는 평가만 받을 것이라고 손사래를 친다. IR 담당자는 이렇게 많은 시장의 제언을 들었을 것이다.

물론 그것을 수차례 내부에 전달하려고 시도했으나 되지 않아 부정적일 수도 있다. 그러나 이렇게 휘발성으로 날아간 인사이트가 아깝지 않은가? IR 부서는 시장의 요구를 경영진에게 전달하고, 경영진이 올바른 판단을 할 수 있게 해야 한다.

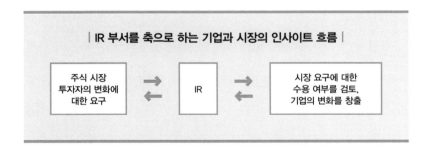

| IR 부서를 축으로 하는 기업과 시장의 인사이트 흐름 |

주식 시장 투자자의 변화에 대한 요구 ⇄ IR ⇄ 시장 요구에 대한 수용 여부를 검토, 기업의 변화를 창출

시장의 요구에 주목하라

일반적으로 시장(혹은 투자자)이 기업에게 요구하는 건 기업 가치의 극대화다. 예전에는 기업 가치의 극대화에 구조조정이 포함되어 있었다. 그래서 많은 부작용을 낳기도 했다. 그러나 최근엔 재무제표를 벗어나 비재무적 요인에 대한 의무를 강화하고 있다. 기업 가치의 극대화는 그 범위가 확대되는 추세다.

이 같은 요구 외에도 기업의 특성에 따른 시장의 요구가 있다. 이를테면 지배구조의 안정화, 불필요한 자산이나 사업 구조의 정리, 비용 구조 개선 등이다. 그렇다면 이런 요구를 불식시키면 투자자들은 주식을 살 것인가? 이건 좀 다른 문제가 될 수 있는데, 일단 투자자가 투자하기 위한 좋은 여건을 만들었다는 데 의미를 둬야 할 것이다.

예를 들어보자. 어떤 기업의 매출액, 순이익 성장률이 5년 연속 하락세를 기록하고 있다. 그렇다면 이 기업은 투자자들의 투자 대상이 될 수 있을까? 투자 대상이 되기 위해선 과거의 하락세보다 미래의 성장이 가능한지 보여줘야 할 것이다. 과거보다도 미래가 더 중요하다는 것이다.

그런데 이 기업의 미래 성장을 보여주기 위한 핵심 포인트가 고비용 구조의 개선이라고 가정해보자. 그렇다면 투자자들은 끊임없이 이것을 개선하라고 요구할 것이다. 또한 불투명한 지배구조가 문제가 된다면, 이것 역시 개선을 요구할 것이다.

투자는 성장성이라는 요인 외에도 또 다른 필요충분조건이 있다. 그러

▲ IR 담당자는 시장의 요구를 최대한 반영해야 한다.

나 아이러니하게도 경영진은 시장의 목소리에 민감하지 않은 경우가 많다. "우리가 성장성을 보여주는데 뭐가 문제지?"라는 반응을 보인다. 그런데 문제가 없다고 모두 주식을 사지는 않는다. 시장이 우리에게 어떤 변화를 요구하는지 잘 들을 필요가 있다는 것이다.

기업의 가치가 절대적으로 저평가되어 있는데, 주가가 오르지 않는 경우도 많다. 애널리스트들은 수많은 탐방과 인터뷰를 통해 기업 가치를 평가한다. 이때 저평가되어 있는 기업에 대한 보고서를 쓰면, 보통 히트작으로 남기도 한다.

시장의 요구는 기업 가치 극대화지만, 그것을 위해서는 많은 해결책이 필요하다. 이 같은 요구를 가장 많이 접하는 것이나 해결책을 제시해 투자자들을 안심시켜야 하는 것 모두 IR 담당자의 몫이다. 기업과 시장의 접점에 늘 있어야 하며, 그 변화가 무엇인지 경영진에게 전달해야 한다. 그리고 기업의 변화가 진행되면 시장에 전달해야 한다. 우리가 어떤 계획을 통해 변화할 것인지 얘기하고 일을 진행시켜 나가라. 그러면 주가의 흐름도 원활해질 것이다.

한편 우리가 변화에 민감해지려면 지식과 네트워크를 잘 관리해야 한다. 시장의 변화나 해결책의 제안은 내가 갖고 있는 지식과 네트워크에 의해 이뤄진다. 모르면 네트워크에 있는 관계자들이 여러분에게 제안할 것이고, 여러분은 이를 통해 배우게 될 것이다.

IR 담당자의 영역을 확대하라

IR 담당자가 외부의 인사이트를 확인하고, 이를 기업 경영에 반영시키는 것은 쉬운 일이 아니다. 그러나 이건 꼭 수행되어야 하는 IR 활동이다. 기업 가치를 공정하게 평가받는 데 있어 인사이트를 확인하고, 이를 경영 의사결정에 반영시키는 건 예전부터 했어야 할 업무다.

IR 담당자는 자신이 주가를 어떻게 할 수 없다고 오해하기 쉽다. 그래서 IR 활동을 평가하는 항목에서 주가를 제외해야 한다고 말한다. 그러나 우리의 역할은 주가의 변동성을 낮추는 것이다. 주가의 흐름이 완만하면 기업에 대한 투자자의 관심을 유지시킬 수 있다. 가장 위험한 건 주가의 변동성이 커지는 것이다.

IR 담당자는 공정공시의 의미를 정확하게 알 필요가 있다. 왜냐하면 이걸 정확하게 안다면 마음껏 활용할 수 있기 때문이다. 정부에서 공정공시 제도를 지속적으로 발전시키는 이유는 무엇일까? IR 담당자를 감시하고 옥죄려는 게 아니라, 이 틀 안에서 마음껏 자유를 누리라는 의미다. 이건 투자자를 보호하는 것에도 직결된다.

연초 가이던스 발표를 통해 한 해 농사가 어떻게 될 것인지 시장에 알린다. 주로 투자, 수주, 매출, 이익 등의 계획을 알린다. 이것은 한 해 동안 투자자들을 만나 얘기할 수 있는 큰 틀을 제공해준다. 투자자 또한 이걸 통해 기업의 큰 흐름을 전망할 수 있다. 이런 틀은 담당자가 누구를 만나더라도 좀 더 자유롭게 얘기할 수 있게 해준다.

이해관계자 자본주의

누가 주주인가

3월이 되면 대부분의 기업이 주주총회를 준비하느라 분주하다. 안건을 정리하고, 혹시 모를 지분 방어를 위해 주주 지분율을 파악하느라 정신이 없다. 대부분 먼저 연락이 오는 주총꾼의 방문도 염두에 두고 이들의 동향을 파악한다. 그런데 생각해보자. 주주는 누구인가? 주주총회 시점으로 생각한다면, 지난 해 12월 말까지 주식을 갖고 있어 주주명부에 등재되어 있는 사람이다.

그런데 그들 모두가 주주총회에 참석할까? 이미 1월이나 2월에 주식을 팔았다고 하면, 배당을 받고 의사결정권도 부여받았지만 주주가 아닐 수도 있다. 주가가 빠지는 날을 생각해보라. 내게 온갖 심한 말을 거리낌 없이 쏟아내는 그들은 지금 주주인가? 주주라고 주장하지만 사실인지 확인하기는 어렵다. 그럼에도 우리는 주가가 빠질 때면 쏟아지는 비난의 전화를 받아야 한다.

IR 부서는 주주와 투자자를 대상으로 소통하는 부서이지만, 사실상 주주인지 아닌지는 분간하기 어렵다. 어떨 때는 그게 중요하지도 않다. 그저 우리의 일을 할 뿐이다.

기업의 목표가 변하고 있다

경영학도로서 대학에서 재무론을 배우면 가장 먼저 나오는 얘기가 있다. '기업의 목표는 무엇인가?'라는 질문이다. 독자들은 이미 그 답을 잘 알 것이다. '주주 부의 극대화'다. 미국의 경제학자 밀턴 프리드먼[9]의 주장을 상기할 필요도 없을 것이다.

기업은 주인인 주주의 부를 극대화하기 위해 끊임없이 노력한다. 기업은 하나의 인격체다. 치열한 경쟁에서 살아남기 위해 싸우고 또 싸운다. 1년 동안 노력한 결과는 손익계산서에 잘 나타난다. 기업의 건전성은 재

---

9 밀턴 프리드먼(Milton Friedman)은 시카고 학파를 이끈 통화주의 경제학자다. 경쟁적 자본주의 체제를 위해 정부의 영역을 최소화하고, 모든 이에게 최대한의 경제적 자유를 보장해야 한다고 주장했다.

무상태표에 잘 반영되어 있다.

자, 이제 한 해를 결산해보자. 이만큼 벌었으니 주주에게 이만큼 돌려주자. 그리고 남는 건 미래의 투자 재원으로 사용하자. 돈의 흐름은 기업 전체의 안정성에 문제가 되면 안 된다. 재무상태표의 건전성 유지도 함께 살펴보자.

이건 역사적으로 기업의 근간에 흐르고 있는 정서다. 기업은 이를 위해 끊임없이 효율적으로 움직여야 하고, 구조조정 등을 통해 향후에 닥칠지도 모를 변화에 준비해야 한다. 2008년 미국은 금융위기financial crisis를 겪었다. 미국의 위기로 촉발된 이 리스크는 전 세계적으로 빠르게 퍼져 나갔다. 위기의 배경은 무엇일까? 결론적으로 인간의 탐욕이 빚은 결과였다.

'서브프라임 모기지 사태'[10]로 촉발된 금융위기로 미국 다우존스 지수는 최고치에서 57% 하락을 기록했고, 대형 금융업체들의 파산으로 이어졌다. 미국은 수천조 원 규모의 천문학적인 자금을 투입해 반전을 모색했다.

결국 구조적으로 단기적인 이익을 중시할 수밖에 없었다. 이건 대리인 문제agency problem로도 일부 설명된다. 소유자owner와 경영자manager 간 이해관계가 다른 것에서 나타나는 갈등, 즉 경영자는 소유자나 이해관계자

---

10 2007년 미국 부동산 버블이 꺼지면서 저소득층 대출자들이 돈을 못 갚게 되었다. 이로 인해 미국 모기지 회사들이 파산하면서, 글로벌 금융위기로 이어졌다. 이를 서브프라임 모기지 사태(subprime mortgage crisis)라고 부른다.

▲ 미국에서 시작된 위기는 기업 환경에도 큰 변화를 줬다.

의 이익을 대변하지 않고, 자신의 임기 연장과 같은 목전에 둔 사익을 취하기 위해 단기적인 이익 증가에만 집중한다는 것이다. 대리인 문제는 기업 가치를 왜곡시킨다. 무리한 현금 보유 정책이나 위험이 높은 투자안을 채택하는 것이 대표적인 예시다.

원론으로 돌아와 생각해보자. 주당순이익은 어떻게 구성되어 있나? 영업을 통해 벌어들인 이익operating margin과 이자, 환, 지분법 등 영업 외로 벌어들이는 이익에 법인세를 차감한 것이다. 주식 시장을 비롯한 자본시장의 참여자들은 주당순이익을 주된 기업 가치를 결정짓는 잣대 중 하나로 인식해왔다.

경영자 역시 이를 높이기 위해 집중했던 것이 사실이다. 지금도 이 같은 인식이 경영의 중심적 사고방식으로 자리잡고 있으며, 경영 의사결정의 근간을 이루고 있다. 이같이 주주를 위한 의사결정과 실행은 사회적인 인격체로서 살아갈 수 있는 법인체들의 범위를 축소 또는 왜곡시켰다.

환경 문제는 어떻게 설명할 것인가? 예를 들어 매출을 올리기 위해 나오는 각종 오폐수를 정부가 규제하고 있다. 그 규제의 장벽이 높지 않아 과징금으로만 해결된다면, 기업은 과징금을 내면서 계속 오폐수를 흘려보낼 수도 있을 것이다. 그렇다면 이것에 대한 피해는 누가 보는 것이고, 기업의 책임은 과징금으로만 해결되는 것인가?

예전에 이런 일을 겪은 적이 있다. 담배에 대한 규제가 시작되던 때였다. 내가 방문한 음식점에는 유난히 사람들이 많이 몰렸는데, 그 이유는 식사 자리에서 여전히 담배를 피울 수 있기 때문이었다. 그곳은 과징금을 내지만 버는 돈이 더 많을 것이란 의사결정을 한 것이다.

식당은 한동안 성업을 했다. 그 이후엔 어떻게 됐는지 모르겠다. 나는 모든 걸 돈으로 해결하려고 하는 의식 때문에 불쾌했다. 흡연으로 인한 폐해는 누가 보상한다는 말인가?

영업활동과 재무활동 등으로 버는 돈(이익)은 결국 사내 유보를 통해 투자의 재원으로 사용할 수 있다. 그게 아니면 배당을 통해 주주의 몫으로 돌려보낼 수도 있다. 실적을 올리는 데 급급했던 기존의 사고는 금융 위기란 큰 대가를 치렀다. 이 때문에 '이해관계자 자본주의'가 등장하게 된 것이다.

이해관계자 자본주의의 등장

이해관계자stakeholder란 기업에 영향을 미치는 모든 관계자를 말한다. 국내외 기관투자자를 포함해 주주, 채권자, 시민단체, 정부 등을 들 수 있다. 이들을 대상으로 한다는 것은 거의 모든 고객을 대상으로 한다는 말과 다를 바 없다. 그래서 발상의 전환이 필요하다.

기업의 지속 성장은 가능한 것인가? 과거에는 이익의 창출 능력을 고려해 판단했었다. 그러나 이제는 기업이 영향을 미치는 외부 환경을 고려 대상으로 판단해야 할 것이다. 이것은 기업의 영업 환경과 창출하는 이익의 질 등을 포함한다.

증기기관의 발명으로 촉발된 산업혁명 이후 우리는 많은 혁명을 목도하고 있다. 컴퓨터의 등장과 함께 시작된 제3차 산업혁명이 나오고 얼마 되지 않아, 융합의 혁명을 중심으로 한 제4차 산업혁명이 주요 안건이 되었다. 이제 각종 산업이 융합되면서 새로운 형태로 발전하고 있다. 그렇다면 주주의 부를 우선하는 자본주의가 4차 혁명을 포함할 수 있을지 의문이 들게 된다.

금융위기 이후 새롭게 등장하고 있는 4차 혁명의 아이콘들은 제조업뿐만 아니라 금융, 서비스업을 넘어서는 사고의 전환으로 발전하고 있다. 이런 환경을 포용할 수 있는 새로운 사고의 필요성 역시 당연히 제기되고 있는데, 필자는 '이해관계자 자본주의'가 이런 사고를 담아낼 수 있는 그릇이라고 생각한다.

IR 활동은 어떻게 변해야 하는가?

IR 활동의 대상인 투자자가 바뀌지는 않지만, 이들의 사고는 끊임없이 변하고 있다. 대표적인 것이 ESG 경영에 대한 관심이다. 불과 1~2년 전만 해도 ESG 경영에 대해 묻는 사람은 없었다. 그러나 지금은 많은 문의가 들어온다. 그렇다면 지속 가능한 기업인지 여부는 어떻게 알 수 있을까? 이를 검증할 수 있는 건 지배구조 보고서, 지속가능경영 보고서다. 우리 나라는 2025년부터 이 공시가 의무화될 예정이다.

IR 활동은 증권 시장을 포괄하는 것이다. 즉 주식과 채권 투자자 모두를 대상으로 한다는 것이다. 물론 이들의 관심사는 서로 다르다. 자기 자본equity financing 투자자가 성장성, 수익성 등을 우선시한다면 부채 금융 debt financing 투자자들은 안정성에 무게를 둔다. 그러나 이젠 이해관계자들의 다양한 관심을 포괄할 수 있는 IR 활동이 필요하다.

기업이 자금 조달을 고려하고 있다고 생각해보자. 기업이 작을수록, 성장기를 넘어선 기업일수록 자금 조달은 할인율, 발행 조건 등에 민감해 질 수밖에 없다. 그러나 기업이 커지거나 성숙기에 있다면 다양한 관심을 고려한 IR 활동이 필요하다.

화학업은 환경 문제, 택배·운송업은 근로자 환경, 금융업 등은 지배구조의 문제가 투자 포인트로 올라오고 있다. IR 부서는 이 모든 것에 대응하면서 활동해야 한다. 이것은 급하면서도 중요한 문제다.

사랑받는 기업과 지탄의 대상이 되는 기업의 차이는 크지 않다. 무엇을 우선하는 정책을 펼 것인가? 주주만을 의식할 것인가, 아니면 나와 관계하고 있는 이해관계자들을 고려할 것인가? 현재는 이것에 대한 평가들이 지속 가능한 측면 또는 사회 책임의 측면에서 고려되고 있다. 이런 도구는 앞으로도 계속 발전할 것이다. 기존에 사용하던 IR 자료를 던져버리고, 새롭게 생각하자.

기업의 가치를 영속적이고, 안정적으로 높여줄 만한 게 실적 말고 또 없을까? 다양한 이해관계자들의 요구에 어떻게 대응해 나갈 것인가를 고민해야 한다. IR 담당자는 외부의 요구를 받아들여 내부에 전달하는 창구가 되어야 하며, 기업 내 인사이트를 지속적으로 높일 수 있는 연결자가 되어야 한다.

주주 우선의 정책은 이해관계자 우선의 정책으로 변화하고 있으며, 투자자들의 관심이나 그 대상도 변하고 있다. IR 전략도 여기에 순응해야 한다. 매출과 이익에 대한 얘기에서 사회적인 공헌과 환경에 대한 얘기가 투자 포인트로 논의될 날이 목전으로 다가왔기 때문이다.

2009년의 금융위기가 경제위기였다면, 코로나19 상황은 자연재해로 볼 수 있을 것이다. 금융위기 이후 이해관계자 자본주의가 확산되었고, 이에 따라 IR 정책의 변화가 요구되었다. 코로나19 위기 이후의 IR 활동은 또 어떻게 변화될까? 코로나19가 가져온 가장 큰 변화는 비대면이다. 대부분의 IR 활동도 비대면으로 이뤄지고 있다.

비대면이 시작된 2020년 초반에 IR 담당자들은 IR 활동이 위축될 것을 예상했다. 경제 활동의 위축이 기업의 실적 악화로 이어질 것이라고 봤고, 이에 따라 투자자들의 관심도 저하될 것으로 내다봤다. 그러나 실제는 어떤가?

내가 몸담고 있는 곳만 보더라도 이런 예상과 정반대의 결과가 나타나고 있다. 실제로 비대면 미팅 횟수는 오히려 증가하고 있다. "코로나로 인해 실적이 잘 안 나오네요." 이런 얘기는 기관투자자에게 할 필요도 없다. 이미 주가나 예측치에 반영되고 있기 때문이다. 중요한 것은 "언제 돌아설 것인가?" "어떤 것을 터닝 포인트로 잡을 것인가?"이다. 이것이 투자자들이 듣고 싶어 하는 투자 포인트다.

주당순이익을 중요시하던 때는 성장률이나 성장 포인트를 얘기했다. 그렇다면 지금 당신은 무엇으로 투자자들과 얘기하고 있는가? 투자자들은 코로나19 이후를 대비하고 있다. 당신은 지금 어떤 준비를 하고 있는가?

새로운 역할자인 IRO

IRO를 꿈꾸는 당신에게

IRO의 중요성이 그 어느 때보다 높아지고 있다. 코로나19의 영향으로 기업 생태계가 급변하고 있기 때문이다. 기업의 라이프 사이클[11]이 급속도로 짧아지고 있고, 새로운 사이클로의 이전을 필요로 하는 기업들도 많아지고 있다. 기업의 생존을 위해 다양한 목소리를 검토해야 할 시기가 되었지만, 대부분의 기업은 그들이 직면한 환경 내에서만 움직이려고

---

11 기업의 라이프사이클(life cycle)은 '도입기→ 성장기→ 성숙기→ 쇠퇴기'의 과정을 거친다. 성숙기에 접어들면 대등한 경쟁자들의 등장으로 진입 장벽, 원가 절감 등의 요소가 경쟁력으로 부각된다. 쇠퇴기에 접어들면 신규 기술 도입, M&A 등을 통해 새로운 사이클로 이전할 수 있다. 자세한 내용은 앞에 나온 '기업의 수명 사이클을 이용한 전략'을 참고하자.

한다. 전혀 다른 신종 사업에 투자하는 것에 두려움을 갖고 있고, 주식 시장의 목소리에도 무감각할 때가 많다.

그러나 IR에 종사하는 직원들은 그들이 몸담고 있는 기업의 라이프 사이클과는 다른 산업을 가장 많이 만나거나 목격할 수 있는 중인들이다. 사실 이런 인력은 사내에 많지 않다. 그래서 이들을 이끄는 IRO의 역할이 중요하다. 여기서 기업의 새로운 변화를 모색하는 아이디어가 나올 수 있기 때문이다.

얼마 전까지만 해도 IRO의 중요성은 주식 시장과 관련된 인적 네트워크, 공시 등의 업무적 노하우나 관리 등이 전부였다. 이것을 무기로 사내에서는 독보적인 입지를 구축했고, 다른 곳으로 이직하기도 했다. 그러나 IRO의 진정한 무기는 다양한 시장의 목소리를 접함으로써 쌓이는 안목일 것이다.

기업의 장단점뿐만 아니라 향후 나가야 할 방향을 먼저 알고 있는 게 IRO이다. 왜냐하면 우리를 냉정하게 바라보는 시장의 눈과 마주하고 있기 때문이다. 그래서 더욱 어려워진 현실에서 '매의 눈'을 가진 이들이 새로운 역할을 하길 기대한다.

IR 부서 기능은 확대되고 있다

코로나19가 가져올 변화에 대응할 수 있는 자원 중 하나가 시장의 최접점에 있는 IRO와 IR 부서다. 이런 점에서 이들의 중요성은 그 어느 때보다도 커지고 있다. 이들은 과거의 틀[12]에서 벗어나 기업이 변화하는 생태계에서 어떻게 대응할지 그림을 제시할 수 있어야 한다. 그래서 이런 소양을 갖춘 재목들을 발굴하거나 교육하는 것이 필요하다.

IR 부서의 영역이 확장되는 이 시점에 당신이 IRO를 맡고 있다면 지금 가장 중요한 것이 뭐라고 생각하는가? 그것은 외부의 변화에 가장 민감해야 하고, 그것을 경영진에게 전달해 변화하는 생태계에서 살아남을 수 있는 해법을 제시해야 한다는 것이다. 기존의 IR 업무만 고집한다면 당신은 수많은 기회를 놓칠뿐더러 거대한 시장의 흐름과도 멀어질 수밖에 없다.

IR 부서의 기능이 기존의 주식 업무에서 확대되고 있는 이유는 이 부서가 주식 시장을 비롯한 금융 시장의 접점에 있기 때문이다. 금융 시장은 말 그대로 돈이 움직이는 곳이다. 그래서 기업의 변화 가능성에 민감하다. 어떤 기업의 산업이 더 이상 재기불능 상태라면, 그 기업이 다시 살아날 수 있는 어떤 노력을 하고 있는가가 중요한 관심사일 것이다.

---

12 IR의 기본적인 업무 틀은 주가 관리를 위한 주식 시장 참여자와의 소통, 공시, 주주 관리 업무 등이었고, 이를 통해 주가의 변동성을 완화시키고, 주가가 안정적으로 움직일 수 있도록 하는 것이었다. 이것은 향후 있을 기업의 안정적인 자금 조달과 투자를 위해서도 필요한 것이었다.

이런 시장의 요구는 사실 IR 부서에서 가장 먼저 알 수 있다. "도대체 시장이 우리에게 뭘 요구하는 겁니까?"라는 경영진의 질문에 나름대로 냉정한 분석과 답을 내놓음으로써 자신의 가치를 높이는 게 필요하다.

따라서 IR 담당자들은 공시, 주가 관리를 위한 시장 소통, 주주 관리 외에 좀 더 기업에 필요한 다양한 사항을 챙길 필요가 있다. 시장이 지금 우리에게 요구하는 것이 무엇인지 좀 더 구체적으로 파악해 경영진에게 제시하라. 기업내에서 IRO에 대한 힘이 좀 더 실린다면, IR 기능에 신사업 개발 검토 등의 기능을 추가할 수도 있을 것이다. 이는 신규 사업이나 인수합병에 대한 실질적인 검토 등인데, 능력 있는 인력이 확보되어야 가능한 것이다.

정관을 잘 정비하라

기업이 원활히 일을 수행하고, 성과를 내기 위해서는 법적인 테두리를 잘 만들어야 한다. 왜냐하면 기업이 그 테두리 안에서 일하기 때문이다. 대표적인 것이 정관이다. 정관을 벗어난 의사결정은 반드시 문제가 된다. 그래서 미리 정관을 잘 정비해 놓아야 한다.

만약 경영진이 기업의 활동을 확장하고 싶은데, 추가적인 자금이 필요하다고 가정해보자. 이때 자금 조달을 부채나 자본으로 할지, 아니면 자산을 유동화시킬지 고민할 것이다. 그런데 정관이 미비하다면 엄청난 곤

란에 직면한다. 예를 들어 정관에 사채나 자본 조달에 있어서 주주총회 특별결의를 필요로 하거나 대주주의 지분이 낮거나 대립하는 주주가 있다면, 자금 조달은 어려움에 직면할 수 있을 것이다. 경영진의 의사결정을 통한 자금 조달은 단기차입금 증가 등 매우 제한적일 수밖에 없다.

IR 부서는 밖으로는 주식 시장과 소통해야 하는 의무를 갖고 있다. 그리고 내부적으로는 경영진의 의사결정 규정 안에서 유지되고 있는지를 잘 파악해야 한다. 대주주가 지분율이 매우 낮으면 경영권 유지에 고민이 많을 것이다. 이때는 정관에 M&A 방어를 위한 '포이즌 필'[13]과 같은 독소조항을 넣어 둠으로써 어느 정도 방어할 수 있을 것이다.[14]

그러나 "알아야 면장을 하지."라는 속담이 있듯 IR 부서가 이런 폭넓은 사고와 지식을 갖고 있지 못하다면, 기업 전체가 어려움에 처할 수 있다. 이런 걸 외부 전문가에게 맡겨 도움을 얻는다면 IR 담당자의 역할은 축소될 수밖에 없다.

지금 금융 시장은 코로나19로 매우 심각하다. 기업은 자금줄이 말라가고 있다. 그래서 정부는 채권안정 펀드 등 다양한 방법으로 자금 지원에 나서고 있다. "우리도 받아야 하는데, 나는 주가만 신경 쓰면 되기 때문에 내 일이 아니야."라고 생각한다면 이건 아주 게으른 사고방식이다.

---

13 기업의 경영권 방어 수단 중 하나다. 적대적 M&A나 경영권 침해 시도가 발생하는 경우 기존 주주들에게 시가보다 싼 가격에 지분을 매입할 수 있도록 미리 권리를 부여하는 제도다(출처: 두산백과).

14 실제로 어떤 상장 기업은 적대적 인수합병으로 인한 대표이사의 실직을 방어하기 위해 퇴직금 이외의 퇴직보상금 30억 원 이상을 지급하기로 정관에 명시했다. 이 기업은 대주주의 지분율이 10%대에 불과하지만, 이 같은 방어 장치 등을 통해 경영권을 유지하고 있다.

기업의 자금줄이 말라가고 있다면, IR 부서도 그 부분을 적극적으로 살펴보고 해결책을 마련해야 한다. 왜냐하면 경영진은 결국 나에게도 이것의 대안을 물어볼 것이기 때문이다.

IR의 중요 포인트가 될 ESG

앞서 말한 것처럼, 현재 ESG에 대한 관심이 매우 뜨겁다. 대표적으로 ESG 등 사회적 책임을 다하는 기업에게 투자하는 펀드는 SRI 펀드, CSR 펀드 등이 있다. 이런 투자 펀드의 규모는 점점 증가하는 추세다. 한국기업지배구조원KCSG은 매년 상장 기업의 ESG 수준을 정기적으로 평가해 발표하고 있다.

이 평가는 회사채의 신용등급처럼 투자의 한 기준으로 자리 잡고 있다. 비록 아직은 비재무적인 요소의 평가일 뿐이다. 하지만 기업의 지속가능성이 각광받고 있는 만큼 소홀히 할 필요는 없을 것 같다.

물론 ESG 평가에 대한 실무적인 작업을 IR에서 진행할 필요는 없다. 그만한 인력도 없는 게 사실이니까. 다만 환경이나 사회적 책임은 몰라도, 기업 지배구조에 관해서는 관심을 가질 필요가 있다. IR 부서는 주주를 관리하는 기능이 있는 만큼 기업 지배구조를 관리하는 데 밀접한 역할을 담당하고 있다.

따라서 기업 지배구조를 고도화[15]시킴으로써 ESG 투자에 대비할 필요가 있다. 또한 ESG 투자에 높은 등급(산업내 또는 경쟁사 대비)을 받고 있다면 IR에 적극적으로 활용해야 한다.[16]

생존을 위한 몸부림, 당신의 가치를 높여라

직장생활을 오래 하면 생기는 습관 중 하나가 내 업무 영역을 정해 놓고, 그 안에서만 하려는 것이다. 그 분야의 직무 전문가가 될 수도 있겠지만, 이것은 본인에게 결코 좋은 것이 아니다. 전문적이지만 오히려 소극적으로 변할 수 있기 때문이다.

IR 부서원은 오지랖이 좀 넓은 게 좋다. 즉 집 안의 숟가락이 몇 개인지 정도는 아니더라도, 사내의 전반적인 상황을 이해하고 있어야 한다. 실제로 IR 부서에 근무하다 보면 기업의 전문가가 되기도 하고, 경영에 대한 자신의 의견을 개진할 기회도 생긴다.

직장인이라면 저마다 날이 선 칼(지식) 하나를 품고 살아야 한다. 그게 없으면 자신감도 없어지고 여기저기 끌려가기 마련이다. IR 담당자는 어떤 칼을 차고 있어야 좋을까? 내가 권하는 건 기업과 시장을 잘 이해하

---

15 상장사들은 매년 기업 지배구조 보고서를 발표하고 있으며, 이 같은 행위는 기업들의 지배구조를 건전화시키는 도구가 될 수 있다.
16 한국기업지배구조원에서 발표한 2019년 ESG 통합 등급의 A+를 부여받은 기업은 풀무원, KT&G, SK네트웍스 등 총 7개사에 불과하다. ESG의 등급 차이는 투자의 중요 포인트가 될 수 있다.

는 것이다. 이것이 IR 담당자에게 무기가 될 수 있다. 거기에 관련 규정들을 꿰차고 있으면 무서울 게 없다. 전문가인 것이다.

실제로 IR은 세상의 많은 걸 알아야 할 수 있다. IR의 R은 관계이기 때문이다. 투자자와 관계를 맺으려면 이들의 관심사를 정확히 알아야 하고, 세상 돌아가는 것도 알아야 한다. 약간은 나부대며 살 필요도 있다는 말이다. 그렇지만 뭐라도 하나 제대로 하는 건 있어야 한다.

증권사에 근무할 때의 일이다. 법인 영업을 담당하는 고참 부장 한 분은 항상 신문에 나오는 골프 칼럼을 오려서 모았다. 그래서 그걸 책자처럼 만들어 고객들에게 나눠줬고 반응은 아주 좋았다고 한다(당시엔 인터넷 초기 단계였으니까). 나중에 들은 얘기인데, 그분은 사람들과 잘 어울리지 못하셨다고 한다. 그래도 꾸준히 책자를 만들어 나눠줬고, 덕분에 업무 성적은 훌륭했다. 어쨌거나 직장생활에 있어 나름 좋은 칼 하나를 차고 있었던 것이다.

주가가 빠질 때면 IR 부서는 외부 투자자나 내부로부터 질타를 받곤 한다. 그러나 IR 부서는 주가를 올리는 부서가 아니라는 것, 시장과 소통하는 접점이란 것, 기업의 미래 방향성에 큰 역할을 할 수 있다는 점을 인식시켜야 한다. 나는 여러분이 기업에 시장이 바라보는 시각을 전달하는 역할자, 새로운 기업의 성장 모델을 제시하는 역할자로서 자리매김하길 기원한다.

IR은 어떻게 기업의 무기가 되는가

초판 1쇄 발행 2022년 9월 20일

지은이 | 최용호
펴낸곳 | 원앤원북스
펴낸이 | 오운영
경영총괄 | 박종명
편집 | 양희준 최윤정 김형욱 이광민
디자인 | 윤지예 이영재
마케팅 | 문준영 이지은 박미애
등록번호 | 제2018-000146호(2018년 1월 23일)
주소 | 04091 서울시 마포구 토정로 222 한국출판콘텐츠센터 319호(신수동)
전화 | (02)719-7735   팩스 | (02)719-7736
이메일 | onobooks2018@naver.com   블로그 | blog.naver.com/onobooks2018
값 | 17,000원
ISBN 979-11-7043-342-2 03320